Gesundheitswirtschaft Österreich

Thomas Czypionka · Alexander Schnabl
Clemens Sigl · Julia-Rita Warmuth
Barbara Zucker

Gesundheitswirtschaft Österreich

Ein Gesundheitssatellitenkonto für Österreich (ÖGSK)

Unter Mitarbeit von:
Brigitte Hochmuth
Julia Janke
Sarah Lappöhn
Alina Pohl

Thomas Czypionka
Alexander Schnabl
Clemens Sigl
Julia-Rita Warmuth
Barbara Zucker

Institut für Höhere Studien
Abteilung für Ökonomie und Finanzwirtschaft
Forschungsgruppen HealthEcon & Unternehmen,
Branchen und Regionen
Wien
Österreich

Studie im Auftrag der Wirtschaftskammer Österreich und des Bundesministeriums für
Wissenschat, Forschung und Wirtschaft

ISBN 978-3-658-08771-5 ISBN 978-3-658-08772-2 (eBook)
DOI 10.1007/978-3-658-08772-2

Die Deutsche Nationalbibliothek verzeichnet diese Publikation in der Deutschen Nationalbibliografie; detaillierte bibliografische Daten sind im Internet über http://dnb.d-nb.de abrufbar.

Springer Gabler
© Springer Fachmedien Wiesbaden 2015

Gedruckt auf säurefreiem und chlorfrei gebleichtem Papier

Springer Fachmedien Wiesbaden ist Teil der Fachverlagsgruppe Springer Science+Business Media
(www.springer.com)

Vorwort

In der gesundheitspolitischen Debatte werden die Gesundheit und das Gesundheitswesen vielfach und vorwiegend mit den Kosten für die Gesellschaft in Verbindung gebracht und gleichsam als Problem für das Gemeinwesen gesehen. Dies folgt wohl vor allem daraus, dass in den europäischen Gesundheitssystemen in erster Linie der Staat für die Finanzierung von Gesundheitsleistungen verantwortlich zeichnet. Ein solch wachsender Ausgabenbereich wird dann insbesondere als problematisch gesehen, wenn die Finanzierungsmöglichkeiten des Staates durch ohnehin hohe Abgabenquoten und problematische Entwicklungen der öffentlichen Schulden begrenzt scheinen. Dabei wird nur allzu leicht übersehen, dass Investitionen in Gesundheit sowohl aus individueller als auch aus öffentlicher Sicht gerade bei steigender Lebenserwartung immer wichtiger werden. Wie schon Arthur Schopenhauer sagte, „Gesundheit ist nicht alles, aber ohne Gesundheit ist alles nichts." Mit anderen Worten, das Bedürfnis gesund zu bleiben oder gesund zu werden ist ein sehr grundlegendes humanes Bedürfnis und sollte daher nicht als lästige Begleiterscheinung öffentlicher Staatstätigkeit gesehen werden.

Um sichtbar zu machen, dass dieses Gesundheitsbedürfnis der Menschen auch ein wesentlicher Wirtschaftsfaktor ist (mit entsprechenden Auswirkungen auf Produktion, Wertschöpfung, Beschäftigte und öffentliche Einnahmen), hat das Institut für Höhere Studien, im Auftrag des Bundesministeriums für Wissenschaft, Forschung und Wirtschaft sowie der Wirtschaftskammer Österreich, ein Gesundheitssatellitenkonto für Österreich erstellt. Darin bemühen wir uns, die vielfältigen – durch dieses Gesundheitsbedürfnis angestoßenen – wirtschaftlichen Effekte nachzuvollziehen und für die Leserinnen und Leser aufzuspannen. Um dabei die Vergleichbarkeit mit dem deutschen Gesundheitssatellitenkonto zu wahren, verwenden wir die dort entwickelte Systematik, nehmen aber eine Reihe von landesspezifischen Anpassungen vor, die letztlich auch in der unterschiedlichen Datenlage begründet sind.

Im Unterschied zu einer reinen Bestandaufnahme der österreichischen Gesundheitswirtschaft ermöglicht die Erstellung eines eigenen, ins Input-Output-System eingebundenen, Satellitenkontos für den Bereich Gesundheit detaillierte Angaben über die Güterstrom- und Finanzierungsverflechtungen. Zentral für diese Untersuchung war erstens die Erfassung der Größe einzelner Bereiche der Gesundheitswirtschaft sowie zweitens eine Darstellung der Verflechtungen der Gesundheitssektoren untereinander aber auch mit anderen Wirtschaftsbereichen auf nationaler, regionaler (Bundesländerebene) und internationaler (Importe und Exporte Österreichs) Ebene. Bei der Darstellung wird die österreichische Gesundheitswirtschaft überdies in den „Kernbereich" und den „Erweiterten Bereich" gegliedert. Auch die Finanzierungsseite wird betrachtet.

Das vorliegende Werk ist naturgemäß stark von Zahlen geprägt. Diese Zahlen erlauben jedoch, vielfältige Aspekte sowie Verflechtungen der österreichischen Wirtschaft mit dem Faktor Gesundheit darzustellen und dienen daher je nach persönlichem Interesse deren Veranschaulichung.

Wir wünschen Ihnen viel Vergnügen bei der Lektüre!

Thomas Czypionka
Alexander Schnabl

Danksagung

Wir danken unseren unzähligen Gesprächspartnern, die mit ihren Informationen, Hinweisen und zusätzlichen Daten unsere Arbeit in dieser Qualität erst möglich gemacht haben! Weiters bedanken wir uns bei Brigitte Hochmuth, Julia Janke, Sarah Lappöhn und Alina Pohl, die bei der Erstellung der Studie mitgewirkt haben.

Bemerkungen

Zum Zwecke der besseren Lesbarkeit und Verständlichkeit des Textes wird entweder die maskuline oder feminine Form von Bezeichnungen gewählt. Dies impliziert keinesfalls eine Benachteiligung des jeweils anderen Geschlechts.

Inhaltsverzeichnis

Abkürzungsverzeichnis

BIP	Bruttoinlandsprodukt
CPA	Classification of Products by Activity
DL	Dienstleistung
EGW	Erweiterte Gesundheitswirtschaft
ESVG	Europäisches System der Volkswirtschaftlichen Gesamtrechnung
GAR	Gesundheitsausgabenrechnung
GM1	Erster Gesundheitsmarkt
GM2	Zweiter Gesundheitsmarkt
GSK	Gesundheitssatellitenkonto
GW	Gesundheitswirtschaft
IHS	Institut für Höhere Studien
IIO	Interne Input-Output-Daten der internen Berechnung der Statistik Austria
IOT	Input-Output Tabelle
KGW	Kernbereich Gesundheitswirtschaft
LQ	Location Quotient
LSE	Leistungs- und Strukturerhebung
MTF	Medizinisch-Technischer-Fortschritt
NACE	Nomenclature statistique des activités économiques dans la Communauté européenne
NGW	Nicht-Gesundheitswirtschaft
ÖCPA	Österreichische Classification of Products by Activity
ÖGSK	Österreichische Satellitenkonto
ÖNACE	Österreichische Statistical classification of economic activities in the European Community
OTC	Over The Counter; entspricht nicht verschreibungspflichtigen Arzneimitteln
POE	Private Organisationen ohne Erwerbszweck
SAM	Social Accounting Matrices
SHA	System of Health Acccounts

SLQ	Simple Location Quotient
SNA	System of National Accounts
VGR	Volkswirtschaftliche Gesamtrechnung
WHO	Weltgesundheitsorganisation
WKO	Wirtschaftskammer Österreich

Abbildungsverzeichnis

Tabellenverzeichnis

Executive Summary

1

In der öffentlichen Diskussion wurde bisher Gesundheit vorwiegend als „Kostenfaktor" wahrgenommen, und auch in den Rechenwerken der Volkswirtschaftlichen Gesamtrechnung gab es bislang kaum eine spezifische Erfassung und Zusammenstellung jener wirtschaftlichen Aktivitäten, die auf das Bedürfnis des Menschen nach Gesundheit zurückgehen. Aufgrund gesellschaftlicher Entwicklungen wird dieses jedoch zu einem immer bedeutenderen Wirtschaftsfaktor, und dieser Entwicklung will die erstmalige Erstellung eines Gesundheitssatellitenkontos für Österreich (ÖGSK) Rechnung tragen. Dieses stützt sich auf den Begriff der Gesundheitswirtschaft, die neben dem klassischen Kernbereich auch einen erweiterten Bereich umfasst, dessen Nachfrage ebenfalls wesentlich vom Bedürfnis nach Gesundheit getrieben ist, aber bisher kaum als solcher wahrgenommen wird. Diese Nachfrage nach Gesundheitsleistungen und -gütern macht die Gesundheitswirtschaft zu einem inhärenten Teil der Ökonomie mitsamt deren Produktivität, Verflechtung, Vorleistungsstruktur, Exportmöglichkeiten und Beschäftigten. Daraus ergeben sich bedeutende volkswirtschaftliche Potenziale. So eröffnet der technologische Wandel neue Behandlungsmöglichkeiten und kann damit als Wertschöpfungsfaktor gesehen werden. Der demographische Wandel erhöht den Bedarf an Gütern der Gesundheitswirtschaft und insbesondere das sich verändernde individuelle Gesundheitsverständnis in Verbindung mit steigendem Wohlstand kann einen bedeutsamen Einfluss auf die Nachfrage nach Gesundheitsgütern haben (Luxusgutcharakter).

1.1 Herangehensweise

Um dem Anspruch gerecht zu werden, die Gesundheitswirtschaft als Teil der gesamten Wirtschaft mit all ihren Verflechtungen darzustellen, bedient sich die Studie der Input-Output-Methodik, die die gesamte Volkswirtschaft abbildet und so ein zentrales Rechen-

© Springer Fachmedien Wiesbaden 2015
T. Czypionka et al., *Gesundheitswirtschaft Österreich*,
DOI 10.1007/978-3-658-08772-2_1

werk für ökonomische Analysen darstellt. Innerhalb der bereits verfügbaren Input-Output-Tabellen ist die Gesundheitswirtschaft bisher nur unzureichend abgebildet worden. Das Satellitenkonto folgt dem Ziel, durch eine Extrahierung der relevanten Teilmärkte und Verdichtung dieser Information in einem „separaten" Konto, den gesundheitsrelevanten Wirtschaftsteil in eine praktikable Form zu gießen. Gleichzeitig bleibt der Satellit ein Teil der Input-Output-Tabelle, um die Verflechtungen mit der restlichen Wirtschaft weiterhin aufzeigen und analysieren zu können und die Auswirkungen von Effekten wie Nachfrage-änderungen oder wirtschaftspolitischen Maßnahmen berechnen zu können.

Mit der Methodik der Input-Output-Analyse können die wechselseitig verknüpften Liefer- und Bezugsstrukturen der einzelnen Wirtschaftssektoren erfasst und quantifiziert werden. Weiters ermöglicht die Input-Output-Analyse die Berechnung direkter, indirekter und induzierter Wertschöpfungs- und Beschäftigungseffekte sowie der Effekte auf das gesamtwirtschaftliche Aufkommen an Steuern und Sozialversicherungsabgaben. Durch eine Regionalisierung des Gesundheitssatelliten können diese Effekte auch auf Bundes-länderebene berechnet werden.

Das erarbeitete Gesundheitssatellitenkonto basiert aus Datenverfügbarkeitsgründen auf dem Jahr 2008. Zusätzlich wurden Prognosen für die nachfolgenden Jahre bis 2015 sowie eine Regionalisierung nach Bundesländern durchgeführt.

1.2   Abgrenzung der Gesundheitswirtschaft

Die Abgrenzung der Gesundheitswirtschaft für das ÖGSK folgt primär einer nachfra-geseitigen, güterbezogenen Unterscheidung. Dieser gesundheitsrelevante Konsum führt zu Umsätzen und Beschäftigung bei Produzenten und Dienstleistern, welche somit direkt der Gesundheitswirtschaft zuzurechnen sind.

Der Kernbereich Gesundheitswirtschaft (KGW) umfasst Güter und Leistungen des Gesundheitswesens nach der Statistik der Gesundheitsausgaben gemäß dem System of Health Accounts[1]. Dazu zählen beispielsweise stationäre bzw. ambulante Leistungen oder pharmazeutische Erzeugnisse und deren Vertrieb.

Die Erweiterte Gesundheitswirtschaft (EGW) entspricht gesundheitsrelevanten Gütern und Leistungen, die einer subjektiv gesundheitsbezogenen Kaufentscheidung unterliegen, welche nicht mit den Institutionen des Gesundheitswesens gemäß dem System of Health Accounts in Verbindung gebracht werden und entsprechen somit nicht im KGW enthalte-nen gesundheitsrelevanten Produkten und Dienstleistungen.

Gesundheitsanteile bilden den zentralen Schlüssel für die einzelnen Elemente im Ge-sundheitssatellitenkonto. Dabei kommen auch Gesundheitskoeffizienten zur Anwendung,

---

[1] Das „System of Health Accounts" ist ein konsistentes, international vergleichbares System von Gesundheitskonten zur umfassenden Dokumentation und Erfassung von Gesundheitsausgaben (inklusive Langzeitpflege) und ihrer Finanzierung. Derzeit wird das SHA in nahezu allen OECD-Ländern verwendet.

welche die subjektiv beigemessene gesundheitliche Wirkung bei der Kaufentscheidung widerspiegeln. Diese Informationen wurden durch Sichtung von Artikeln, Studien, offiziellen Datenquellen und Unternehmensberichten sowie Erhebungen und Anfragen bei Herstellern, Hochschulen, Innungen bzw. Interessenvertretungen generiert. Eine wesentliche Herausforderung stellte die Verknüpfung der ermittelten Informationen mit den Makroaggregaten der VGR zur Implementierung in die Input-Output Rechnung dar. Für eine einfachere Handhabung der Ergebnisse, wurden in einer sekundären Abgrenzung Aggregate der diversen Güter und Dienstleistungen gebildet. Diese komprimierte Darstellung gliedert sich in sieben Aggregationsgruppen des Kernbereichs sowie fünf Aggregationsgruppen der erweiterten Gesundheitswirtschaft und ist aus Kompatibilitätsgründen dem deutschen Gesundheitssatellitenkonto entlehnt.

1.3 Ergebnisse

Durch die Abbildung von Verflechtungen des Bereichs Gesundheit, im engeren und weiteren Sinne, können Aussagen über die ökonomischen Auswirkungen von Ausgaben und Investitionen in den Teilbereichen getätigt werden. Darüber hinaus werden auch Bewertungen wirtschafts- und gesundheitspolitischer Entscheidungen messbar. Am Ende der Executive Summary wird ein Überblick über die zentralen Ergebnisse des ÖGSK 2008 gegeben.

Die durch die Gesundheitswirtschaft generierte Bruttowertschöpfung lag 2008 in Österreich bei insgesamt € 41,6 Mrd., wovon rund € 26 Mrd. (62,5 %) auf die direkten Effekte entfielen, € 9,5 Mrd. (22,9 %) auf die indirekten und € 6,1 Mrd. (14,6 %) auf die induzierten Effekte. Insgesamt sind die direkten Effekte anteilsmäßig am höchsten, sie machten 10,13 % der österreichischen Wertschöpfung der Gesamtwirtschaft aus. Das bedeutet, dass rund jeder 10. € der österreichischen Wertschöpfung direkt in der Gesundheitswirtschaft generiert wurde.

Durch die Gesundheitswirtschaft und ihre inter- und intrasektoralen Verflechtung zu anderen Wirtschaftsbereichen wurden insgesamt rund 806 Tsd. Arbeitsplätze in Personenjahren gesichert, was rund 638 Tsd. Arbeitsplätzen in Vollzeitäquivalenten entspricht (Gesamteffekt aus direkten, indirekten und induzierten Effekten). Jeder fünfte Beschäftigte ist damit in der Gesundheitswirtschaft oder den mit ihr verbundenen Wirtschaftsbereichen tätig, jeder siebte direkt in der Gesundheitswirtschaft tätig.

Die Arbeitsproduktivität des Jahres 2008 gemessen an der Bruttowertschöpfung je Erwerbstätigen liegt in der österreichischen Gesundheitswirtschaft mit rund € 46 Tsd. je Erwerbstätigen etwa ein Viertel unter der gesamtwirtschaftlichen Produktivität (€ 60 Tsd. je Erwerbstätigen).

Die gesamten durch die Gesundheitswirtschaft generierten Steuern und Abgaben beliefen sich in Österreich auf insgesamt € 15 Mrd., wobei der Sozialversicherung mit rund € 8 Mrd. (53 %) mehr als die Hälfte dieser Einnahmen zukam. Der Bund erhielt € 4,9 Mrd. (32 %), die Länder etwas mehr als € 1 Mrd. (7 %) und die Gemeinden € 1,2 Mrd. (8 %).

Mehr als die Hälfte dieser Steuer- und Abgabeneffekte wurde durch direkte Effekte der Gesundheitswirtschaft erzielt.

Das Gros der Konsumausgaben zu Herstellungspreisen (private Haushalte; Staat; private Organisationen ohne Erwerbszweck) im Jahr 2008 wird mit € 25,44 Mrd. im Kernbereich der Gesundheitswirtschaft (KGW) getätigt. Demgegenüber entfielen € 7,03 Mrd. der Konsumausgaben auf den wachsenden Bereich der erweiterten Gesundheitswirtschaft (EGW). Die gesamte Endnachfrage in der Gesundheitswirtschaft (Konsum, Investitionen, Exporte) im Jahr 2008 betrug € 43,77 Mrd.

Exporte bzw. Importe der gesamten Gesundheitswirtschaft (Waren und Dienstleistungen) beliefen sich in Österreich im Jahr 2008 auf € 9,3 Mrd. bzw. € 8,9 Mrd. Für den Kernbereich der Gesundheitswirtschaft (KGW) betragen die Exporte rund € 5,8 Mrd. gegenüber € 5,6 Mrd. an Importen. Für die Erweiterte Gesundheitswirtschaft (EGW) betragen die Exporte € 3,5 Mrd. und die Importe € 3,3 Mrd.

Die Personalkosten tragen in der Gesundheitswirtschaft im KGW mit rund 70 % und in der EGW mit rund 54 %, mehr als die Hälfte – und damit den größten Anteil – zur Wertschöpfung bei.

Bezüglich der Wertschöpfung, des Bruttoproduktionswertes und der Beschäftigung liegen die österreichischen und deutschen Zahlen relativ betrachtet eng beieinander. Lediglich beim Export lassen sich größere Unterschiede feststellen. Die österreichische Gesundheitswirtschaft als Exportwirtschaft ist speziell im Kernbereich ausbaufähig. Der Beitrag der Gesundheitswirtschaft am gesamtösterreichischen Exportüberschuss (Waren und Dienstleistungen) beträgt 4,39 % (Tab. 1.1).

Das Wachstum der Erweiterten Gesundheitswirtschaft (EGW) wird bis 2015 stark mit der Entwicklung der Gesamtwirtschaft korrelieren und darüber liegen, dagegen verläuft die Entwicklung des Kernbereichs der Gesundheitswirtschaft (KGW) weitgehend unabhängig von der Entwicklung der Gesamtwirtschaft. Die durchschnittliche jährliche reale Wachstumsrate der Bruttowertschöpfung des KGW liegt zwischen 2008 und 2015 bei 1,91 %, die der EGW bei 2,44 %. Die Wachstumsrate der Beschäftigten in Vollzeitäquiva-

Tab. 1.1 Eckwerte des österreichischen Gesundheitssatellitenkontos (ÖGSK), direkte Effekte 2008. (Quelle: IHS HealthEcon und IHS Unternehmen, Branchen & Regionen (2013))

	KGW	EGW	Gesundheits-wirtschaft gesamt	Anteil an der Gesamtwirtschaft (%)
Produktionswerte (Mrd. €)	31,39	13,74	45,13	8,21
Konsumausgaben zu HP (Mrd. €)	25,44	7,03	32,47	16,98
Bruttowertschöpfung (Mrd. €)	19,06	6,90	25,96	10,13
Beschäftigte (Tsd.)	410	158	569	13,41
Vollzeitäquivalente (Tsd.)	317	127	444	12,61
Außenhandelsüberschuss (Mio. €)	249,77	179,30	429,07	4,39
Steuern & Abgaben (Mrd. €)	6,96	2,17	9,13	7,29

lenten liegt im gleichen Zeitraum bei 1,71 % (KGW), bzw. 2,09 % (EGW). Insgesamt wirkt sich der KGW stabilisierend auf die österreichische Wirtschaft und die Beschäftigung aus. Die EGW ist zwar konjunkturabhängiger, wächst aber schon derzeit deutlich schneller als das BIP. Das Wachstumspotenzial der österreichischen Gesundheitswirtschaft ist enorm, aufgrund wachsender Binnennachfrage, aber vor allem im Export. Es bestehen viele Voraussetzungen, um an internationalen Entwicklungen zu partizipieren. Einzelne Rahmenbedingungen, die den Standort schwächen, müssten dafür aber ausgeräumt werden.

Bei der Analyse der Bedeutung der Gesundheitswirtschaft für die einzelnen österreichischen Bundesländer werden drei Bereiche unterschieden: 1.) Welche wirtschaftlichen Effekte hat die Gesundheitswirtschaft eines Bundeslandes auf die Gesamtwirtschaft desselben Bundeslandes; 2.) Welche Effekte hat die Gesundheitswirtschaft eines Bundeslandes auf die österreichische Gesamtwirtschaft; und 3.) Welche Effekte hat die österreichische Gesundheitswirtschaft auf die Wirtschaft eines Bundeslandes?

Beispiel

Als Beispiel kann hier die bedeutendste regionale Gesundheitswirtschaft dienen, die Gesundheitswirtschaft des Bundeslandes Wien. Die Gesundheitswirtschaft in Wien bewirkt eine gesamte (direkt, indirekt und induziert) Bruttowertschöpfung von € 8,9 Mrd. auf die Wiener Wirtschaft, wovon 78 % auf den KGW fallen. Die Wiener Gesundheitswirtschaft bewirkt im Bundesgebiet eine gesamte Bruttowertschöpfung von € 10,5 Mrd. Umgekehrt profitiert die Wiener Wirtschaft mit einer Bruttowertschöpfung von rund € 12 Mrd. von der gesamten österreichischen Gesundheitswirtschaft. Die entsprechenden Zahlen bei der Beschäftigung sind 160 Tsd. (Wirkung von Wiener Gesundheitswirtschaft auf die Wiener Wirtschaft), 187 Tsd. (Wiener Gesundheitswirtschaft auf die österreichische Wirtschaft und 201 Tsd. (österreichische Gesundheitswirtschaft auf die Wiener Wirtschaft).

Wien gemeinsam mit Niederösterreich sind damit die einzigen Bundesländer, die – gemessen an der Bruttowertschöpfung – mehr von der österreichischen Gesundheitswirtschaft profitieren, als umgekehrt die österreichische Wirtschaft von der regionalen Gesundheitswirtschaft (durch die wirtschaftlichen Verflechtungen fließt mehr „hinein" als „heraus").

Der Anteil der direkten, indirekten und induzierten Bruttowertschöpfung des KGW an der gesamten Bruttowertschöpfung der Gesundheitswirtschaft bewegt sich zwischen 59 % in Tirol und 77 % in Wien. Hier fällt insbesondere die hohe Bedeutung des Sporttourismus (Teil des EGW) in den westlichen Bundesländern stark ins Gewicht.

ÖGSK 2008 Wirtschaftspolitische Schlussfolgerungen

Hohe **Beschäftigungsintensität** in der Gesundheitswirtschaft:

Jeder *siebte Beschäftigte ist* in der Gesundheitswirtschaft tätig.

Jeder *fünfte Beschäftigte ist* in der Gesundheitswirtschaft oder den von ihr angestoßenen Wirtschaftsbereichen tätig

Hohe **Wertschöpfungseffekte**:
10,13 % der österreichischen Wertschöpfung entstehen direkt in der Gesundheitswirtschaft.
Mit den Verflechtungseffekten werden sogar *16,22 % der österreichischen Wertschöpfung* direkt, indirekt oder induziert durch Nachfrage in der Gesundheitswirtschaft geschaffen.

Bedeutende **Abgabeneffekte**:
Jeder achte Abgabeneuro fällt durch die Gesundheitswirtschaft und ihre Verflechtungen an.

Schwerpunkt der Gesundheitswirtschaft auf Dienstleistungen:
Über *5/6 der Bruttowertschöpfung der* Gesundheitswirtschaft werden über Dienstleistungen generiert.

Die Gesundheitswirtschaft als **Exportwirtschaft ist ausbaufähig**:
Der Beitrag der Gesundheitswirtschaft am Gesamtösterreichischen *Exportüberschuss (Waren und Dienstleistungen) beträgt 4,39 %*.

Die österreichische Gesundheitswirtschaft ist ein **sehr bedeutender Wirtschaftssektor**, da diese über die **wirtschaftlichen Verflechtungen** Vorleistungen aus der heimischen Wirtschaft bezieht und solcherart über **800.000** Menschen in **Beschäftigung** setzt.

Die **erweiterte Gesundheitswirtschaft** wächst stärker als der Durchschnitt der Gesamtwirtschaft und stellt damit einen *Wachstumsmotor* dar. Ihre Potenziale müssen aber noch entfaltet werden.

Der **Kernbereich** der Gesundheitswirtschaft wirkt *stabilisierend* auf die österreichische Volkswirtschaft.

Einleitung

2

Das österreichische Gesundheitswesen wird gemeinhin als Kostenfaktor für die öffentlichen Kassen gesehen. Tatsächlich nehmen die gesamten Gesundheitsausgaben im Jahr 2010 elf (gesamt) bzw. 8,4 % (öffentlich) des Bruttoinlandsprodukts ein. Gleichzeitig zeigten aber die letzten „Krisenjahre", dass das Gesundheitswesen einen stabilisierenden Wirtschaftssektor darstellt.

Die demographische Entwicklung mit steigender Lebenserwartung und die epidemiologische Entwicklung in Richtung chronische Erkrankungen lassen eine Erhöhung der Nachfrage im Gesundheitswesen erwarten. Gleichzeitig aber ist auch der Luxusgutcharakter von Gesundheitsleistungen zu berücksichtigen, also die Tatsache, dass Individuen mit höheren Einkommen überproportional Gesundheitsleistungen nachfragen. Dieses Phänomen betrifft vor allem den „zweiten Gesundheitsmarkt", also den rein privat finanzierten Bereich (siehe Abb. 2.1, S. 65).

Die volkswirtschaftlichen Wirkungen der Nachfrage nach Gesundheit werden anhand von Abb. 2.1 verdeutlicht. Aus der Nachfrage nach Gesundheitsleistungen, also dem Konsum dieser, entsteht direkter Nutzen für die Bevölkerung. Auf der anderen Seite wirkt Gesundheit selbst als Vorleistung für die Wirtschaft, indem die bessere Gesundheit von Arbeitnehmern ein längeres produktives Arbeitsleben ermöglicht. Zur Erstellung von Gesundheitsleistungen sind neben der unmittelbaren Wertschöpfung (direkte Effekte) auch Vorleistungen zu berücksichtigen, sowie die zur Herstellung dieser Vorleistungen notwendigen Wertschöpfungs- und Vorleistungskomponenten usf., die nicht nur dem Gesundheitssektor entstammen (indirekte Wirkungen). Außerdem lösen die Wertschöpfungskomponenten weitere Nachfragewirkungen auch in anderen Bereichen der Wirtschaft aus (induzierte Effekte).

Bereits in vergangenen Studien wurde die Bedeutung und Wirkung von Gesundheit analysiert (Schnabl et al. 2009; Pock et al. 2010). Wesentliche Erkenntnisse betreffen die großen Effekte gesteigerter Gesundheit als Vorleistung für die Wirtschaft und die Wirkun-

© Springer Fachmedien Wiesbaden 2015
T. Czypionka et al., *Gesundheitswirtschaft Österreich,*
DOI 10.1007/978-3-658-08772-2_2

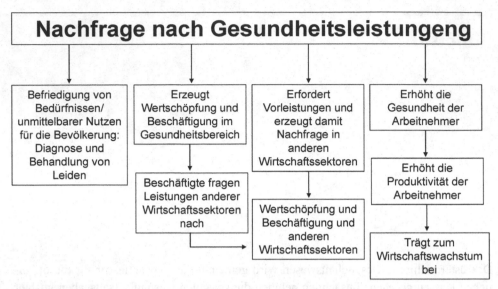

Abb. 2.1 Effekte der Gesundheitsnachfrage. (Quelle: Pock et al. (2010))

gen des Sektors Gesundheit über direkte, indirekte und induzierte Effekte in Hinblick auf Bruttoproduktion, Wertschöpfung, Beschäftigung und Abgabenwirkungen, wobei gerade dem Exportsektor in Österreich noch ein Ausbaupotenzial zugeschrieben wird.

Auch die Debatte über die Finanzierbarkeit des Gesundheitswesens spielt in Hinblick auf die wirtschaftliche Aktivität eine wichtige Rolle. Das Heben von Wirtschaftlichkeitsreserven durch Bündelung und Outsourcing kann gerade für private Unternehmer neue Chancen der Entwicklung bieten. Es muss eine Balance gefunden werden zwischen der Sicht des Gesundheitssektors als Kostenfaktor einerseits, aber auch als wichtiger Zweig der Wirtschaft andererseits. Die Diskussion über sinnvolle privatwirtschaftliche Aktivität und der Nutzung dieser Potenziale, um letztlich auch den öffentlich zu finanzierenden Bereich nachhaltig abzusichern, ist ebenso notwendig wie die Frage nach sinnvollen wirtschaftspolitischen Maßnahmen in jedem einzelnen Gesundheitsmarkt. Zur Beantwortung solcher Fragen eignet sich ein Satellitenkonto für den Bereich „Gesundheit", welches von einem umfassenden Sektorenbegriff ausgeht.

Durch die Abbildung von Verflechtungen des Bereichs Gesundheit, sowohl im engeren und weiteren Sinne, als auch im Hinblick auf eine öffentliche (erster Gesundheitsmarkt) und eine private Finanzierung (zweiter Gesundheitsmarkt) können Aussagen über die ökonomischen Auswirkungen von Ausgaben und Investitionen in den Teilbereichen getätigt werden. Darüber hinaus werden auch Bewertungen wirtschafts- und gesundheitspolitischer Entscheidungen messbar.

Die vorliegende Ausarbeitung zur Schaffung eines Satellitenkontos in Verbindung mit einer Input-Output-Analyse gliedert sich wie folgt: Anfänglich soll ein Verständnis für Gesundheit und eine grundlegende Erfassung der Gesundheitswirtschaft geschaffen werden (Kap. 3). Im Anschluss daran wird die Methodik der Input-Output-Analyse bzw. des

Satellitenkontos erläutert. Dabei soll auch die methodische Herangehensweise des deutschen Gesundheitssatellitenkontos beschrieben werden (Kap. 4). Ebenfalls beschrieben werden die Datenanforderungen, die sich durch die Konstruktion eines Satellitenkontos im Rahmen der Input-Output-Tabelle ergeben. Kapitel 5 schafft eine Abgrenzung und Klassifizierung der Gesundheitswirtschaft. Dabei wird das Stufenmodell und die Strukturierung in einen Kernbereich Gesundheitswirtschaft (KGW) und in einen Bereich erweiterte Gesundheitswirtschaft (EGW) dargelegt. Durch eine Zusammenführung auf 12 Güteraggregationsgruppen ergibt sich die Grundstruktur des Gesundheitssatellitenkontos. Im darauffolgenden Kap. 6 folgen die Ergebnisse und eine Analyse des geschaffenen Gesundheitssatellitenkontos. Dabei werden von der Gesundheitswirtschaft ausgehende Effekte auf das Bruttoinlandsprodukt, einzelne Wertschöpfungskomponenten wie Arbeitnehmerentgelte, Gewinne und Abgaben oder auch der zweite, privat finanzierte Gesundheitsmarkt, der Staatsverbrauch (gesundheitsbezogene Leistungen der Gebietskörperschaften/Sozialversicherung), Investitionen, Importe, Exporte, aber auch direkte und indirekte Beschäftigungseffekte sowie fiskalische Effekte betrachtet. Durch eine Regionalisierung des Gesundheitssatelliten können Effekte auch auf Bundesländerebene berechnet werden. Im letzten Kap. 7 folgen eine kurze Zusammenschau der Ergebnisse sowie wirtschaftspolitische Einschätzungen der Potenziale der österreichischen Gesundheitswirtschaft.

Im weiteren Verlauf dieser Studie wird der Einfachheit halber der Begriff Gesundheitssatellitenkonto mit GSK abgekürzt. Zur Bedeutung weiterer Abkürzungen siehe das der Einleitung vorangestellte Abkürzungsverzeichnis.

Literatur

Pock, M., Czypionka, T., Berger, J., Körner, T., Strohner, L., & Mayer, S. (2010). *Wachstumseffekte von Gesundheit*. IHS: Wien.
Schnabl, A., Czypionka, T., Dippenaar, S., Müllbacher, S., Röhrling, G., Skrivanek, I., & Weberberger, I. (2009). *Wertschöpfungseffekte des Wirtschaftssektors Gesundheit*. IHS: Wien.

Bedeutung und grundlegende Erfassung der Gesundheitswirtschaft

3

In einem ersten Schritt erscheint es zweckmäßig, den Begriff Gesundheit bzw. Gesundheitswirtschaft zu erfassen und abzugrenzen. Mit einem Anteil von nunmehr 11 % des Bruttoinlandproduktes im Jahr 2010 laut dem System of Health Accounts (SHA, siehe Kap. 5.3.1) – rund 3/4 davon aus öffentlicher Hand – wird in einer ersten Annäherung die Bedeutung der Gesundheitswirtschaft in der österreichischen Ökonomie deutlich. Das System of Health Accounts bildet eine Struktur von umfassenden, konsistenten und international vergleichbaren Gesundheitskonten. Es lässt sich als Sekundärstatistik auf Basis der VGR ausweisen. Das nachfolgende Kapitel soll vorweg eine weniger technische und dafür allgemeine und qualitativ weitgefasste Auslegung der Gesundheitswirtschaft liefern. Im weiteren Verlauf dieser Ausarbeitung wird der Begriff Gesundheit bzw. Gesundheitswirtschaft fortlaufend eingeengt bzw. konkretisiert (Kap. 5). Für eine gegenständliche Abbildung der Gütergruppen im GSK siehe Tab. 5.3 (S. 73) und Tab. 5.5 (S. 82).

Der Begriff „Gesundheitswesen" unterliegt seit einiger Zeit einem Wandel. Mit den zunehmenden Steigerungen der Gesundheitsausgaben seit den 1970er-Jahren wurde das Gesundheitswesen zunehmend als Kostenfaktor für die öffentlichen Kassen wahrgenommen, insbesondere, als sich das Wirtschaftswachstum, das nach dem zweiten Weltkrieg eine geradezu sagenhafte Entwicklung genommen hatte, zunehmend verlangsamte. Diese Ansicht rührt auch aus der hohen Staatsquote in diesem Bereich, welche sich aus den Gegebenheiten der Marktunvollkommenheiten ergibt. Doch anders als die Verwaltung, ein Mittel zum Zweck ist, wird im Gesundheitswesen unmittelbar Nutzen für die Bevölkerung im Sinne der Gesundheitsproduktion gestiftet. Zudem weitete sich auch der Gesundheitsbegriff selbst aus. Verstand man darunter lange Zeit die Abwesenheit von (physischer) Krankheit, weitete die Weltgesundheitsorganisation ihre Definition bereits 1948 deutlich aus. Demnach bedeutet Gesundheit nicht nur die Abwesenheit von Krankheit, sondern ist ein *„state of complete*

© Springer Fachmedien Wiesbaden 2015
T. Czypionka et al., *Gesundheitswirtschaft Österreich*,
DOI 10.1007/978-3-658-08772-2_3

physical, mental and social well-being" (WHO 1948). Dementsprechend weitet sich auch die Aufgabe der Gesundheitsproduktion aus. Zum Kernbereich der Wiederherstellung von Gesundheit tritt das Bedürfnis der Erhaltung und Verbesserung des Wohlbefindens, welches sich in einer Erweiterung des „Gesundheitsmarktes" widerspiegelt.

Unabhängig, ob die Finanzierung nun öffentlich oder privat erfolgt, ist die Basis der Gesundheitsproduktion immer ein wirtschaftlicher Prozess, der unter Verwendung von Vorleistungen und Primärinputs Leistungen generiert. Das Gesundheitswesen kann also als Gesundheitswirtschaft angesehen werden, mit Wertschöpfungs- und Beschäftigungs-effekten, die als Output eine gesteigerte Gesundheit und in weiterer Folge wiederum auch gesteigerte Produktivität hat. Damit findet ein Wandel weg von einer reinen inputorien-tierten Kostenbetrachtung des Sektors Gesundheit, hin zu einem ergebnisorientierten Wachstumsmotor für die Ökonomie eines Landes statt.

Eine international vergleichbare Standardisierung bei der Erfassung und Abgrenzung der Gesundheitswirtschaft existiert nicht. Einige Studien haben Anläufe für eine sinnvolle Klassifizierung der Gesundheitswirtschaft und deren Subeinheiten vorgenommen.[1] Nach-folgende Abb. 3.1 zeigt eine mögliche Darstellung der Gesundheitswirtschaft.

Für das Funktionieren der Gesundheitswirtschaft müssen Güter und Dienstleistungen in anderen Wirtschaftssektoren nachgefragt werden, wodurch auch dort Wachstums- und Beschäftigungseffekte entstehen.

Humankapital ist eine der Voraussetzungen für Wirtschaftswachstum. Je gesünder eine Bevölkerung, desto leistungsfähiger ist sie, wodurch ein höheres Wirtschaftswachstum generiert wird und die Steuereinnahmen eines Landes steigen. Durch ein gesundes Älter-werden der Bevölkerung ist der Krankenstand der Arbeitnehmer geringer, weniger Men-schen gehen in Frühpension und es stehen mehr Arbeitskräfte zur Verfügung. Durch eine Verlängerung der Lebensarbeitszeit der Arbeitsnehmer zahlen sich Investitionen in die Aus- und Weiterbildung verstärkt aus (Hofmann et al. 2011, S. 7). Aufwendungen für die Gesundheit der Bevölkerung werden nicht mehr als reine Ausgaben aufgefasst, sondern als Investitionen in die Volkswirtschaftliche Gesamtrechnung (BMWi 2009, S. 11).

Auch die wachsende Geltung des Begriffs „*Health in All Policies*" (zu dt. „Gesundheit in allen Politikfeldern") steht in Zusammenhang mit dem zeitgemäßen Verständnis von Gesundheit und der Gesundheitswirtschaft. So basiert *Health in All Policies* auf dem Kon-zept der Gesundheitsdeterminanten und geht von der Erkenntnis aus, dass die Gesundheit der Bevölkerung nur durch gebündelte Anstrengungen in allen Politikfeldern wirksam und nachhaltig gefördert werden kann.

Die Gesundheitswirtschaft unterliegt einer Vielzahl von Einflussfaktoren und Dynami-ken. Innovationstreiber und Quellen der zukünftigen Entwicklung sind im Wesentlichen der demographische Wandel, Lebensstil und sich wandelnde Bedürfnisse der Gesellschaft, sowie der medizinisch-technologische Fortschritt. Letzterer nimmt dabei eine besondere

---

[1] Das deutsche GSK sei an dieser Stelle ausgespart. Es bildet eine Hauptreferenz für die Struktu-rierungen des österreichischen GSK und wird daher in einem eigenen Kapitel gesondert angeführt (4.7).

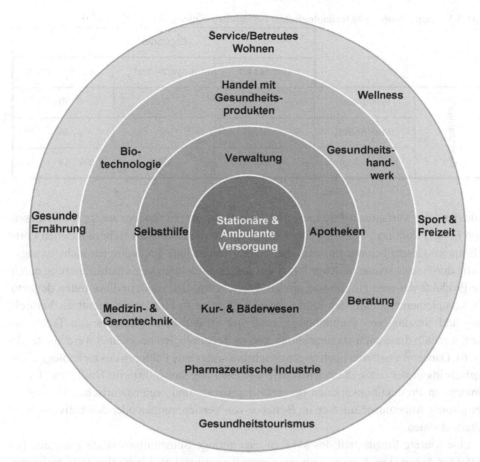

Abb. 3.1 Zwiebelmodell der Gesundheitswirtschaft. (Quelle: Institut Arbeit und Technik (IAT))

Rolle ein. Gerade im Gesundheitswesen ist aufgrund von Problematiken bei der Output-Messung, der Bestimmung der Produktionsfunktion und der Kosten-Nutzen-Zuordnung technologischer Fortschritt oftmalig schwer bestimmbar. In der ökonomischen Theorie wird von technologischem Fortschritt gesprochen, wenn die Faktorrelation zwischen Input und Output durch Wissen verbessert wird (Hens und Pamini 2008). Diese Verbesserung der Faktorrelation geschieht etwa durch eine Änderung der Verfahren, Prozesse und Methoden in der Produktion. Aufgrund dieser zweidimensionalen Definition ist das tatsächliche Vorliegen von technischem Fortschritt nicht immer eindeutig bestimmbar. Dies tritt ein, wenn ein geringerer Faktoreinsatz, im gleichen Zuge ein schlechteres Ergebnis liefert und vice versa (Ausprägung III und VII in Tab. 3.1). Ein Abwägen bzw. eine Gewichtung von Faktoreinsatz und Ergebnis ist notwendig, um eine klare Aussage treffen zu können. In der Gesundheitswirtschaft geschehen viele technologische Neuerungen gerade in diesem unscharfen Bereich.

Medizinisch-technischer Fortschritt (MTF) hat einen wesentlichen Einfluss auf das Wachstum in der Gesundheitswirtschaft. Der MTF besteht hier vielfach aus Add-on Tech-

Tab. 3.1 Ausprägungen des technologischen Fortschritts. (Quelle: Sigl (2012, S. 7))

		Ergebnis		
		verbessert	unverändert	verschlechtert
Faktoreinsatz	verkleinert	I	II	III
	unverändert	IV	V	VI
	vergrößert	VII	VIII	IX

nologien, also Verfahrensweisen, die nicht anstatt der älteren sondern zusätzlich zu diesen zum Einsatz kommen. Somit ist eine wesentliche Besonderheit des technologischen Fortschritts im Gesundheitswesen, dass hier bereits vorhandene Technologien nicht zwangsläufig durch neue ersetzt bzw. verdrängt werden. Es findet also keine Substituierung durch die Produkte des medizinisch-technischen Fortschritts statt, sondern diese treten de facto als Komplementärgut auf den Markt. Somit kommt es zu einer supplementären Verbreitung und Nutzung von Technologien, zusätzlich zu den bereits bestehenden Technologien, weshalb diese auch als sogenannte Add-on Technologien bezeichnet werden (Bantle 1996). Daneben existieren noch andere wachstumsrelevante Faktoren des technologischen Fortschritts in der Gesundheitswirtschaft, wie etwa angebotsinduzierte Nachfrage, Übergewicht an Produktinnovationen (gegenüber prozess- und organisatorischen Innovationen), sowie Anreizmechanismen im Bestehen von Versicherungen oder durch diverse Vergütungsformen.

Eine weitere Eigenschaft des MTF ist eine geringe Substitutionswirkung auf den Inputfaktor Arbeit. Der Kernbereich der Gesundheitswirtschaft bleibt also trotz technologischen Fortschritts arbeitsintensiv und bildet somit einen langfristig stabilen Beschäftigungssektor. Dabei ist jedoch der Baumoleffekt zu beachten. Der Gesundheitssektor ist durch keinen bzw. einen geringen Anstieg der Produktivität charakterisiert (Baumol 1967). Andere Bereiche der Ökonomie weisen einen höheren Anstieg der Produktivität auf. Die Löhne im *unproduktiveren* Gesundheitssektor müssen jedoch im selben Ausmaß wie im Rest der Ökonomie wachsen, um den Sektor nicht zunehmend unattraktiv zu machen, was zu einem relativen Anstieg der Kosten im Gesundheitssektor führt. Dieser Effekt ist gemeinhin als Baumoleffekt bekannt (Baumol 1967). Seine Existenz wurde auch empirisch nachgewiesen (Hartwig 2008). Der Effekt durch den Anstieg der relativen Preise auf die Gesundheitsausgaben ist abhängig von der Preiselastizität der Individuen für Gesundheitsleistungen. Je preiselastischer die Nachfrage, desto höher die Mengenreaktion. Jedoch kann der Preiseffekt den Mengeneffekt überkompensieren, wodurch die Gesundheitsausgaben ansteigen.[2] Zusätzlich weist der Kernbereich der Gesundheitswirtschaft einen kri-

---

[2] Es existieren Studien zur Messung der Effekte durch höhere Preise von Leistungen im Gesundheitswesen auf die aggregierten Gesundheitsausgaben: Anderson et al. (2003) zeigen anhand von

senresistenten Charakter aufgrund der relativ konstanten einkommensunelastischen Nachfrage nach Gütern und Dienstleistungen der Gesundheit auf (siehe Kap. 4.6).

Neben dem technologischen Fortschritt sind regulative Eingriffe, institutionelle Vorgaben und die Finanzierungsstruktur wesentliche Einflussfaktoren auf Nachfrage und Angebot am Gesundheitsmarkt. Weiters erhöhen der demographische Wandel, wandelnde Bedürfnisse der Gesellschaft bzw. eine sich ändernder Lebensstil, ein neues Verständnis von Gesundheit und ein steigender Wohlstand (Luxusgutcharakter) den Bedarf an Gütern der Gesundheitswirtschaft. Der Gesundheitsmarkt ist jedoch ein unvollkommener Markt mit partiellem Marktversagen aufgrund von Informationsasymmetrien, externen Effekten und einer eingeschränkter Rationalität[3] (Breyer et al. 2005). Um dieses partielle Marktversagen zu korrigieren, bestehen regulative Eingriffe. Diese haben einen entscheidenden Einfluss auf die Gesundheitswirtschaft und können bei teils mangelhafter Ausgestaltung als partielles Staatsversagen bezeichnet werden. Eine stärkere Marktorientierung der Gesundheitswirtschaft, bezogen auf eine gesteigerte Konkurrenz und Transparenz, erhöht den effizienten Einsatz der Mittel und fördert nicht nur die Innovation von medizinischen Produkten, sondern bringt auch innovative Versorgungsformen und Prozessstrukturen hervor. Diese großen ökonomischen und medizinischen Potenziale im Sinne des Patienten und der Qualität bedürfen jedoch einem stetigen Monitoring und gegebenenfalls einer Umgestaltung der verbleibenden regulativen Rahmenbedingungen, welche obligatorisch der Verhinderung diverser Formen des Marktversagens am Gesundheitsmarkt dienen.

Zusammenfassend kann die Gesundheitswirtschaft als innovative und Beschäftigungsintensive Branche mit einer starken Komponente personenbezogener Dienstleistungen bezeichnet werden, mit Wertschöpfungs- und Beschäftigungseffekten, die als Output eine gesteigerte Gesundheit und in weiterer Folge gesteigerte Produktivität aufweist. Gleichzeitig ergibt sich durch das weltweite Wachstum der Mittelschicht (Wilson und Dragusanu

---

OECD-Daten aus dem Jahr 2000, dass eine Erklärung für die hohen Gesundheitsausgaben pro Kopf in den USA die höheren Preise für Güter und Service im Gesundheitswesen sind. Dies ergibt sich aus dem Vergleich der Gesundheitsausgaben pro Kopf mit der im internationalen Vergleich geringen Inanspruchnahme von medizinischen Leistungen pro Kopf. Hartwig (2008) überprüft anhand einer Paneldatenanalyse den Effekt, den Lohnsteigerungen im Gesundheitswesen auf die Gesundheitsausgaben haben. Der Autor findet einen positiven Zusammenhang zwischen den relativen Preisen und den Gesundheitsausgaben bei einer gleichzeitig bestehenden unelastischen Nachfrage. Der Effekt der relativen Preise auf die Gesundheitsausgaben ist im wissenschaftlichen Diskurs zwar umstritten, neuere Studien lassen jedoch vermuten, dass ein Anstieg der Preise im Gesundheitswesen zwar zu einem Rückgang im Volumen an Gesundheitsleistungen führt, der Preiseffekt jedoch überwiegt und die Gesundheitsausgaben ansteigen. Frogner (2010) untersucht den Anstieg der Durchschnittslöhne im Gesundheitswesen und die Gesundheitsausgaben der USA, Australiens und Kanadas zwischen 1970 und 2005. Der Autor konnte keinen signifikanten Zusammenhang zwischen den relativen Preisen und den Gesundheitsausgaben feststellen.

[3] Vollkommene Rationalität ist auch auf anderen Märkten nicht zu finden und als theoretisches Konstrukt zu verstehen, weshalb mit der neuen Institutionenökonomik die Annahme begrenzter Rationalität eingeführt wurde (Kieser 1993). Wie andere Marktversagensphänomene ist sie aber im Gesundheitswesen ausgeprägter.

2008) in Zusammenhang mit dem Luxusgutcharakter der Gesundheit ein großes Export-potenzial – sowohl in den klassischen Bereichen er Gesundheitswirtschaft wie der Medizintechnik und der Pharmaindustrie, als auch in weiter gefassten Bereichen wie dem Gesundheitstourismus. Durch diese Erkenntnis findet ein Wandel weg von einer reinen inputorientierten Kostenbetrachtung des Sektors Gesundheit, hin zu einem ergebnisorientierten Wachstumsmotor für die Ökonomie eines Landes statt. Für ein nachhaltiges Wachstum durch die Gesundheitswirtschaft ist dabei – gerade durch den hohen Anteil an öffentlichen Mitteln, mit Gesundheitsausgaben von etwa 8,4 % (Statistik Austria 2010a) des BIP – ein effizienter und evidenzbasierter Einsatz der Ressourcen nach medizinischen und ökonomischen Kriterien von Bedeutung. Dem Volumen der Gesundheitswirtschaft muss daher ein entsprechender Outcome gegenüberstehen. Dieser lässt sich als höhere Lebensqualität bzw. mehr gesunde Lebensjahre verstehen. Aus ökonomischer Sicht können vorzeitige Sterblichkeit (Gestorbene oder verlorene Lebensjahre unter 65 Jahren) oder verlorene Erwerbstätigkeitsjahre herangezogen werden. Die Schaffung eines Satellitenkontos für Gesundheit eröffnet somit weitere interessante Fragestellungen mit weitreichender Bedeutung, wie etwa der Messung der Produktivitätsentwicklung in der Gesundheitswirtschaft.[4]

Literatur

Anderson, GF., Reinhardt, UE., Hussey, PS., & Petrosyan, V. (2003). It's the prices, stupid: why the United States is so different from other countries. *Health Affairs, 22*(3):89–105.
Bantle, R. (1996). *Determinanten der Innovation und Diffusion des medizinisch-technischen Fortschritts. Schriften zur Gesundheitsökonomik.* 15. Bayreuth: PCO-Verlag
Baumol, W. (1967). Macroeconomics of unbalanced growth: The anatomy of urban crisis. *American Economic Review, 57,* 415–426.
Bundesministerium für Wirtschaft und Technologie Deutschland (BMWi). (2009). Erstellung eines Satellitenkontos für die Gesundheitswirtschaft in Deutschland. Abschlussbericht 30. November 2009. Berlin.
Bundesministerium für Wirtschaft und Technologie Deutschland (BMWi). (2012a). Nutzung und Weiterentwicklung des deutschen Gesundheitssatellitenkontos zu einer Gesundheitswirtschaftlichen Gesamtrechnung (GGR). Unterlage zur Vorbereitung des Expertenworkshops am 15. Mai 2012 (unveröffentlicht).
Bundesministerium für Wirtschaft und Technologie Deutschland (BMWi). (2012b). Messung der Produktivitätsentwicklung der Gesundheitswirtschaft. Workshop Zwischenbericht vom 27. September 2012 (unveröffentlicht).
Breyer, F., Zweifel, P., & Kifmann, M. (2005). *Gesundheitsökonomie* (5 Aufl.). Berlin: Springer.
Frogner, B. K. (2010). The missing technology. An international comparison of human capital investment in healthcare. *Applied Health Economics and Health Policy, 8*(6), 361–371. Springer International Publishing.

---

[4] Aufgrund der Vorreiterrolle Deutschlands bei der Schaffung eines GSK werden bereits darauf basierende Folgestudien, wie etwa die Nutzung und Weiterentwicklung des deutschen Gesundheitssatellitenkontos zu einer Gesundheitswirtschaftlichen Gesamtrechnung BMWi (2012a) oder die Messung der Produktivitätsentwicklung in der deutschen Gesundheitswirtschaft BMWi (2012b) erarbeitet.

Hartwig, J. (2008). What drives health care expenditure? Baumol's model of unbalanced growth revisited. *Journal of Health Economics, 27,* 603–662.

Hens, T., & Pamini, P. (2008). *Grundzüge der analytischen Mikroökonomie.* Berlin: Springer-Verlag.

Hofmann, U., Krauss, Thomas, Schneider, M., & Köse, A. (2011). *Gesundheitswirtschaft Österreich. Studie für die Wirtschaftskammer Österreich.* Basys: Augsburg.

Institut Arbeit und Technik (IAT). (2006). Gelsenkirchen: http://www.iat.eu/index.php?article_id=56&clang=0. Zugegriffen: 05. Sept. 2012.

Kieser, A. (Hrsg.). (1993). *Organisationstheorien.* Stuttgart: Kohlhammer.

Statistik Austria. (2010a). *Standard-dokumentation metainformation zu den Gesundheitsausgaben nach „ system of health account" für Österreich.* Wien: Statistik Austria.

Sigl, C. (2012). Identifikation der kostentreibenden Wirkung des technologischen Fortschritts im Gesundheitswesen. Masterarbeit. WU Wien.

WHO. (1948). Preamble to the constitution of the World Health Organization as adopted by the International Health Conference, New York, 19–22 June, 1946; signed on 22 July 1946 by the representatives of 61 States (Official Records of the World Health Organization, no. 2, p. 100) and entered into force on 7 April 1948.Wilson und Dragusanu 2008.

Wilson, D., & Dragusanu, R. (2008). The expanding middle: the exploding world middle class and falling global inequality. Global Economic Paper No.170. Goldman Sachs.

Methodik

4

Zur Quantifizierung der volkswirtschaftlichen Wirkungen des Gesundheitswesens wird die Input-Output-Analyse als Instrument herangezogen. Diese wird auf den nachstehenden Seiten näher erläutert. Daran anschließend wird die Anwendung eines Satellitenkontos sowie die in Österreich dafür notwendige Datenanforderung dargelegt (Kap. 4.4 bzw. 5.5). Da das deutsche GSK eine Vorreiterrolle in der Ermittlung der volkswirtschaftlichen Verflechtung des Gesundheitssektors mit einer Abbildung der Gesundheitswirtschaft in VGR-Kategorien einnimmt und auftragsgemäß eine größtmögliche Kompatibilität zum deutschen GSK bestehen soll, wird in Kap. 4.7 überblicksmäßig die Methodik des deutschen GSK beschrieben.

4.1 Input-Output-Analyse[1]

Methodisch beruht die Input-Output-Analyse auf den Arbeiten von Leontief (1936), der die Gesamtwirtschaft als ein System von Wirtschaftssektoren betrachtet, die jeweils Leistungsströme aufnehmen und abgeben.[2] Die Grundüberlegung nach Leontief besteht dabei darin, dass die regionale Primärnachfrage eine weitere Nachfrage nach Vorleistungsgütern auslöst. Diese Vorleistungen werden erneut aus der Region oder dem Ausland bezogen und führen wiederum zu regionalen Vorleistungsbezügen und so weiter. In der Input-Out-

---

[1] Dieses Kapitel folgt zu Teilen Holub und Schnabl (1994) Input-Output-Rechnung: Input-Output-Analyse - Einführung.

[2] Leontief erhielt dafür 1973 den Nobelpreis im Bereich der Wirtschaftswissenschaften: Wassily W. Leontief (1906–1999) „For the development of the input-output-method and for its application to important economic problems". Online im Internet unter URL: http://nobelprize.org/nobel_prizes/economics/laureates/1973/leontief.html, [Zugegriffen: 06. Nov.2012].

© Springer Fachmedien Wiesbaden 2015
T. Czypionka et al., *Gesundheitswirtschaft Österreich*,
DOI 10.1007/978-3-658-08772-2_4

put-Tabelle werden diese Verflechtungsbeziehungen so abgebildet, dass die jeweiligen Bezugs- und Absatzstrukturen den einzelnen Sektoren zugeordnet werden können.[3]

Die Input-Output-Analyse ermöglicht die Berechnung von direkten und indirekten Wertschöpfungs-, Kaufkraft- und Beschäftigungseffekten, die sich durch die Nachfrage nach bestimmten Leistungen (wie Bildung oder Investitionsgüter) ergeben. Zudem lassen sich mit diesem Instrument die Effekte auf das gesamtwirtschaftliche Aufkommen an Steuern und Sozialabgaben – getrennt nach Gebietskörperschaften – berechnen. Eine vereinfachte Struktur der Untersuchung im zentralen Bereich der Input-Output-Analyse ist schematisch in Abb. 4.1 dargestellt.

Die Input-Output-Analyse basiert auf der, verglichen mit herkömmlichen makroökonomischen Modellen, sehr detaillierten Input-Output-Tabelle, die ergänzend zur Volkswirtschaftlichen Gesamtrechnung erstellt wird und die Verflechtungen der einzelnen Produktionsbereiche in einer Volkswirtschaft sowie deren Beiträge zur Wertschöpfung darstellt. Abgeleitet aus den Vorleistungsverflechtungen und der Input-Struktur können Wertschöp-

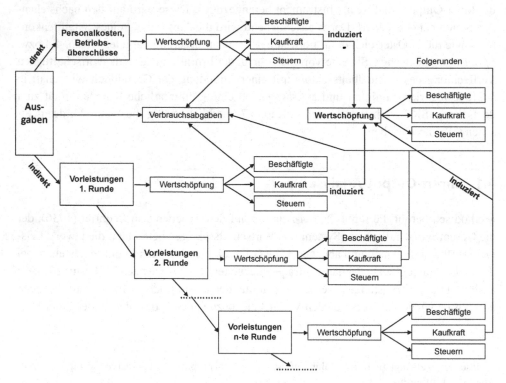

Abb. 4.1 Darstellung von Wertschöpfungs-, Beschäftigungs-, Kaufkraft- und Steuerwirkungen. (Quelle: Schnabl et al. (2009)

---

[3] Methodisch orientiert sich das ÖGSK an der vom IHS und SpEA erstellten Studie zur Ökonomischen Bedeutung des Sports in Österreich (Felderer et al. 2006b).

fungs- und Beschäftigungsmultiplikatoren berechnet werden, welche die Beziehung zwischen Endnachfrage und Gesamtgüterproduktion abbilden. Im Ergebnis liefert die Untersuchung die kumulierten Auswirkungen der betrachteten Ausgaben und Einrichtungen auf die Wirtschaft.

Diese Auswirkungen werden zusätzlich zu den so genannten „Erstrundeneffekten" über gesamtwirtschaftliche Verflechtungen multiplikativ verstärkt. Die ursprünglich getätigten Ausgaben induzieren Folgerunden- beziehungsweise Multiplikatoreffekte, da wiederum jeder Betrieb für die Herstellung seiner Produkte und Dienstleistungen Halbfabrikate sowie Roh-, Hilfs- und Betriebsstoffe von anderen Branchen benötigt. Um von den Erstrundeneffekten auf die Höhe dieser Folgerundeneffekte schließen zu können, verwendet man die aus der Input-Output-Tabelle abgeleiteten Multiplikatoren, welche die sektoralen Verflechtungen der Volkswirtschaft in kompakter Form abbilden.

Die Höhe der Multiplikatoren hängt in erster Linie von der Struktur der wirtschaftlichen Verflechtungen der primär angeregten Sektoren mit den übrigen Sektoren ab, das heißt vor allem davon, an wen die Personal- und Sachausgaben fließen und wie diese in Folgeaufträgen weitergegeben werden. Zu berücksichtigen ist auch, dass die Vorleistungen sowohl aus dem In- und Ausland bezogen werden können. Primäre Effekte, also Erstrundeneffekte, und davon durch Wirtschaftsverflechtungen ausgelöste weitere Effekte für Österreich gehen aber nur von jenem Teil der laufenden Ausgaben aus, der nicht durch Importe ins Ausland abfließt.

4.1.1 Arten von Klassifikationen

In der vorliegenden Studie werden zwei verschiedene Arten von Klassifikationen eingesetzt, um einerseits die Unternehmen bzw. Wirtschaftssektoren und um andererseits die Güterproduktion zu klassifizieren. Für die Klassifizierung der Güterproduktion wird die CPA-Klassifikation (Classification of Products by Activity) eingesetzt. In dieser werden die hergestellten Güter nach Art gegliedert (z. B. Dienstleistungen im Beherbergungswesen, chemische Erzeugnisse). Demgegenüber werden Unternehmen bzw. Wirtschaftssektoren nach NACE (Nomenclature statistique des activités économiques dans la Communauté européenne) klassifiziert (z. B. Beherbergungsunternehmen, Chemieunternehmen). Beide Klassifikationen gleichen einander, so dass in der Regel, jedem Produkttyp nach CPA ein entsprechender Unternehmenstyp bzw. Wirtschaftszweig nach NACE gegenübersteht. Unternehmen können jedoch nicht nur Produkte aus dem eigenen Sektor, sondern auch aus anderen Sektoren anbieten (z. B. bieten Bauernhöfe oft auch Übernachtungsmöglichkeiten an, Beherbergungsunternehmen bieten häufig auch Dienstleistungen im Bereich der Gastronomie, des Einzelhandels oder der Wellness an). Daher werden Unternehmen von EUROSTAT – dem Statistikamt der Europäischen Union – nach ihrem „bedeutendsten" Gut klassifiziert. In Tab. 4.1. ist die Gegenüberstellung der CPA und NACE Klassen nach der Klassifikation 2008 dargestellt.

Tab. 4.1 Wirtschaftssektoren nach CPA und NACE 2008 Klassifikationen. (Quelle: Statistik Austria (2012b))

2008	CPA	NACE
01	Erzeugnisse der Landwirtschaft und Jagd sowie damit verbundene Dienstleistungen	Landwirtschaft, Jagd und damit verbundene Tätigkeiten
02	Forstwirtschaftliche Erzeugnisse und Dienstleistungen	Forstwirtschaft und Holzeinschlag
03	Fische und Fischereierzeugnisse; Aquakulturerzeugnisse; Dienstleistungen für die Fischerei	Fischerei und Aquakultur
05	Kohle	Kohlenbergbau
06	Erdöl und Erdgas	Gewinnung von Erdöl und Erdgas
07	Erze	Erzbergbau
08	Steine und Erden, sonstige Bergbauerzeugnisse	Gewinnung von Steinen und Erden, sonstiger Bergbau
09	Dienstleistungen für den Bergbau und für die Gewinnung von Steinen und Erden	Erbringung von Dienstleistungen für den Bergbau und für die Gewinnung von Steinen und Erden
10	Nahrungs- und Futtermittel	Herstellung von Nahrungs- und Futtermitteln
11	Getränke	Getränkeherstellung
12	Tabakerzeugnisse	Tabakverarbeitung
13	Textilien	Herstellung von Textilien
14	Bekleidung	Herstellung von Bekleidung
15	Leder und Lederwaren	Herstellung von Leder, Lederwaren und Schuhen
16	Holz sowie Holz- und Korkwaren (ohne Möbel); Flecht- und Korbwaren	Herstellung von Holz-, Flecht-, Korb- und Korkwaren (ohne Möbel)
17	Papier, Pappe und Waren daraus	Herstellung von Papier, Pappe und Waren daraus
18	Dienstleistungen der Vervielfältigung von bespielten Ton-, Bild- und Datenträgern, Druckereileistungen	Herstellung von Druckerzeugnissen; Vervielfältigung von bespielten Ton-, Bild- und Datenträgern
19	Kokereierzeugnisse und Mineralölerzeugnisse	Kokerei und Mineralölverarbeitung
20	Chemische Erzeugnisse	Herstellung von chemischen Erzeugnissen
21	Pharmazeutische Erzeugnisse	Herstellung von pharmazeutischen Erzeugnissen
22	Gummi- und Kunststoffwaren	Herstellung von Gummi- und Kunststoffwaren

Tab. 4.1 (Fortsetzung)

2008	CPA	NACE
23	Glas- und Glaswaren, Keramik, verarbeitete Steine und Erden	Herstellung von Glas und Glaswaren, Keramik, Verarbeitung von Steinen und Erden
24	Metalle	Metallerzeugung und –bearbeitung
25	Metallerzeugnisse	Herstellung von Metallerzeugnissen
26	Datenverarbeitungsgeräte, elektronische und optische Erzeugnisse	Herstellung von Datenverarbeitungsgeräten, elektronischen und optischen Erzeugnissen
27	Elektrische Ausrüstungen	Herstellung von elektrischen Ausrüstungen
28	Maschinen	Maschinenbau
29	Kraftwagen und Kraftwagenteile	Herstellung von Kraftwagen und Kraftwagenteilen
30	Sonstige Fahrzeuge	Sonstiger Fahrzeugbau
31	Möbel	Herstellung von Möbeln
32	Waren a.n.g.	Herstellung von sonstigen Waren
33	Reparatur- und Installationsarbeiten an Maschinen und Ausrüstungen	Reparatur und Installation von Maschinen und Ausrüstungen
35	Energie und Dienstleistungen der Energieversorgung	Energieversorgung
36	Wasser; Dienstleistungen der Wasserversorgung sowie des Wasserhandels durch Rohrleitungen	Wasserversorgung
37	Abwasserentsorgungsdienstleistungen	Abwasserentsorgung
38	Dienstleistungen der Sammlung, Behandlung und Beseitigung von Abfällen sowie zur Rückgewinnung von Wertstoffen	Sammlung, Behandlung und Beseitigung von Abfällen; Rückgewinnung
39	Dienstleistungen der Beseitigung von Umweltverschmutzungen und sonstigen Entsorgung	Beseitigung von Umweltverschmutzungen und sonstige Entsorgung
41	Gebäude und Hochbauarbeiten	Hochbau
42	Tiefbauten und Tiefbauarbeiten	Tiefbau
43	Vorbereitende Baustellenarbeiten, Bauinstallationsarbeiten und sonstige Ausbauarbeiten	Vorbereitende Baustellenarbeiten, Bauinstallation und sonstiges Ausbaugewerbe

Tab. 4.1 (Fortsetzung)

2008	CPA	NACE
45	Handelsleistungen mit Kraftfahrzeugen; Instandhaltungs- und Reparaturarbeiten an Kraftfahrzeugen	Handel mit Kraftfahrzeugen, Instandhaltung und Reparatur von Kraftfahrzeugen
46	Großhandelsleistungen (ohne Handelsleistungen mit Kraftfahrzeugen)	Großhandel (ohne Handel mit Kraftfahrzeugen und Krafträdern)
47	Einzelhandelsleistungen (ohne Handelsleistungen mit Kraftfahrzeugen)	Einzelhandel (ohne Handel mit Kraftfahrzeugen)
49	Landverkehrsleistungen und Transportleistungen in Rohrfernleitungen	Landverkehr und Transport in Rohrfernleitungen
50	Schifffahrtsleistungen	Schifffahrt
51	Luftfahrtsleistungen	Luftfahrt
52	Lagereileistungen sowie sonstige Unterstützungsdienstleistungen für den Verkehr	Lagerei sowie Erbringung von sonstigen Dienstleistungen für den Verkehr
53	Postdienstleistungen und private Kurier- und Expressdienstleistungen	Post-, Kurier- und Expressdienste
55	Beherbergungsdienstleistungen	Beherbergung
56	Gastronomiedienstleistungen	Gastronomie
58	Dienstleistungen des Verlagswesens	Verlagswesen
59	Dienstleistungen der Herstellung, des Verleihs und Vertriebs von Filmen und Fernsehprogrammen, von Kinos und Tonstudios; Verlagsleistungen bezüglich Musik	Herstellung, Verleih und Vertrieb von Filmen und Fernsehprogrammen; Kinos; Tonstudios und Verlegen von Musik
60	Rundfunkveranstaltungsleistungen	Rundfunkveranstalter
61	Telekommunikationsdienstleistungen	Telekommunikation
62	Dienstleistungen der EDV-Programmierung und –Beratung und damit verbundene Dienstleistungen	Erbringung von Dienstleistungen der Informationstechnologie
63	Informationsdienstleistungen	Informationsdienstleistungen
64	Finanzdienstleistungen, außer Versicherungen und Pensionen	Erbringung von Finanzdienstleistungen
65	Dienstleistungen von Versicherungen, Rückversicherungen und Pensionskassen (ohne Sozialversicherung)	Versicherungen, Rückversicherungen und Pensionskassen (ohne Sozialversicherung)
66	Mit den Finanz- und Versicherungsdienstleistungen verbundene Dienstleistungen	Mit Finanz- und Versicherungsdienstleistungen verbundene Tätigkeiten

Tab. 4.1 (Fortsetzung)

2008	CPA	NACE
68	Dienstleistungen des Grundstücks- und Wohnungswesens	Grundstücks- und Wohnungswesen
69	Rechts-, Steuerberatungs- und Wirtschaftsprüfungsleistungen	Rechts- und Steuerberatung, Wirtschaftsprüfung
70	Dienstleistungen der Verwaltung und Führung von Unternehmen und Betrieben; Unternehmensberatungsleistungen	Verwaltung und Führung von Unternehmen und Betrieben; Unternehmensberatung
71	Dienstleistungen von Architektur- und Ingenieurbüros und der technischen, physikalischen und chemischen Untersuchung	Architektur- und Ingenieurbüros; technischen, physikalische und chemische Untersuchung
72	Forschungs- und Entwicklungsleistungen	Forschung und Entwicklung
73	Werbe- und Marktforschungsleistungen	Werbung und Marktforschung
74	Sonstige freiberufliche, wissenschaftliche und technische Dienstleistungen	Sonstige freiberufliche, wissenschaftliche und technische Tätigkeiten
75	Dienstleistungen des Veterinärwesens	Veterinärwesen
77	Dienstleistungen der Vermietung von beweglichen Sachen	Vermietung von beweglichen Sachen
78	Dienstleistungen der Vermittlung und Überlassung von Arbeitskräften und des Personalmanagements	Vermittlung und Überlassung von Arbeitskräften
79	Dienstleistungen von Reisebüros und Reiseveranstaltern und sonstige Reservierungsdienstleistungen	Reisebüros, Reiseveranstalter und Erbringung sonstiger Reservierungsdienstleistungen
80	Wach-, Sicherheits- und Detekteileistungen	Wach- und Sicherheitsdienste sowie Detekteien
81	Dienstleistungen der Gebäudebetreuung und des Garten- und Landschaftsbaus	Gebäudebetreuung; Garten- und Landschaftsbau
82	Wirtschaftliche Dienstleistungen für Unternehmen und Privatpersonen a.n.g.	Erbringung von wirtschaftlichen Dienstleistungen für Unternehmen und Privatpersonen a.n.g.
84	Dienstleistungen der öffentlichen Verwaltung, der Verteidigung und der Sozialversicherung	Öffentliche Verwaltung, Verteidigung; Sozialversicherung
85	Erziehungs- und Unterrichtsdienstleistungen	Erziehung und Unterricht
86	Dienstleistungen des Gesundheitswesens	Gesundheitswesen
87	Dienstleistungen von Heimen (ohne Erholungs- und Ferienheime)	Heime (ohne Erholungs- und Ferienheime)

Tab. 4.1 (Fortsetzung)

2008	CPA	NACE
88	Dienstleistungen des Sozialwesens (ohne Heime) a.n.g.	Sozialwesen (ohne Heime)
90	Kreative, künstlerische und unterhaltende Dienstleistungen	Kreative, künstlerische und unterhaltende Tätigkeiten
91	Dienstleistungen von Bibliotheken, Archiven und Museen, botanischen und zoologischen Gärten	Bibliotheken, Archive, Museen, botanische und zoologische Gärten
92	Dienstleistungen des Spiel-, Wett- und Lotteriewesens	Spiel-, Wett- und Lotteriewesen
93	Dienstleistungen des Sports, der Unterhaltung und der Erholung	Erbringung von Dienstleistungen des Sports, der Unterhaltung und der Erholung
94	Dienstleistungen von Interessenvertretungen sowie kirchlichen uns sonstigen religiösen Vereinigungen (ohne Sozialwesen und Sport)	Interessenvertretungen sowie kirchliche und sonstige religiöse Vereinigungen (ohne Sozialwesen und Sport)
95	Reparaturarbeiten an Datenverarbeitungsgeräten und Gebrauchsgütern	Reparatur von Datenverarbeitungsgeräten und Gebrauchsgütern
96	Sonstige überwiegend persönliche Dienstleistungen	Erbringung von sonstigen überwiegend persönlichen Dienstleistungen
97	Dienstleistungen privater Haushalte, die Hauspersonal beschäftigen	Private Haushalte mit Hauspersonal
98	Durch private Haushalte für den Eigenbedarf produzierte Waren und Dienstleistungen ohne ausgeprägten Schwerpunkt	Herstellung von Waren und Erbringung von Dienstleistungen durch private Haushalte für den Eigenbedarf ohne ausgeprägten Schwerpunkt
99	Dienstleistungen exterritorialer Organisationen und Körperschaften	Exterritoriale Organisationen und Körperschaften

IHS HealthEcon und IHS Unternehmen, Branchen & Regionen (2013)

4.1.2 Der Aufbau von Input-Output-Tabellen

Die Input-Output Statistik ist ein wesentlicher Teil der Volkswirtschaftlichen Gesamtrechnung, die Erstellung erfolgt meist nach international einheitlichen Konzepten und Regeln: Die internationale Norm ist das „System of National Accounts" 1993 (SNA 93), die darauf basierende europäische Norm, das Europäische System der Volkswirtschaftlichen Gesamtrechnungen (ESVG 95). Symmetrische Input-Output-Tabellen fassen Aufkommen und Verwendung von Waren und Dienstleistungen in einer einzigen Tabelle zusammen.

Die nationale Input-Output-Tabelle ist nach einer Güter x Güter-Matrix aufgebaut. Das bedeutet, dass sowohl in Zeilen als auch Spalten die Güterklassen nach CPA Klassifikation angegeben sind. Aus dieser Darstellung ist der Intermediärverbrauch abzulesen, der alle Güterinputs für die gesamte Produktion eines im Inland produzierten Gutes darstellt. Analog stellt die Zeile Wertschöpfung den entsprechenden Beitrag der Wertschöpfung für die Gesamtproduktion eines Gutes dar. Zusätzlich kann in der Spalte Endnachfrage die durch den Konsum nachgefragte Menge der einzelnen Güter abgelesen werden. Input-Output-Tabellen können in drei Teilbereiche, die üblicherweise als Quadranten bezeichnet werden, gegliedert werden:

1. Quadrant (Vorleistungen):

Der erste Quadrant (in Abb. 4.2 der hellgraue Bereich, Matrix z_{11} bis m_{nn}) stellt den eigentlichen Kern der Input-Output-Tabelle dar und hat die Lieferungen und Bezüge der einzelnen Sektoren (die Vorleistungen) zum Gegenstand. Hier werden die gesamten Güter, die für den Intermediärverbrauch benötigt werden, aus inländischer (oder regionaler) Produktion und aus Importen dargestellt. Zu beachten ist hierbei nun, dass die Vorleistungen in

	Gut $_1$	...	Gut $_n$	Endnachfrage	Insgesamt
Gut $_1$	z_{11}	...	z_{1n}	Y_1	Σ_1
⋮	⋮	...	⋮	⋮	⋮
Gut $_n$	z_{n1}	...	z_{nn}	Y_n	⋮
Importe $_1$	m_{11}	...	m_{1n}	mY_1	⋮
⋮	⋮	...	⋮	⋮	⋮
Importe $_n$	m_{n1}	...	m_{nn}	mY_n	Σ_n
Wertschöpfung	W_1	...	W_n		
Produktionswert	X_1	...	X_n		

Abb. 4.2 Grundstruktur einer Input-Output-Tabelle. (Quelle: IHS HealthEcon und IHS Unternehmen, Branchen & Regionen (2013)

einem bestimmten Produktionsbereich nicht mehr den Vorleistungen im korrespondieren-
den Wirtschaftsbereich (der Verwendungstabelle[4]) entsprechen, sondern absolut und in
der Struktur der Güter nur jene Waren und Dienstleistungen abbilden, die zur Erzeugung
des für diesen Produktionsbereich charakteristischen Gutes notwendig sind.

2. Quadrant (Endnachfrage):

Der zweite Quadrant (in Abb. 4.2 der mittelgraue Bereich, Spalte Y_1 bis mY_n) beinhaltet
die einzelnen Komponenten der Endnachfrage. Die Verwendung jener Güter, die direkt der
Endnachfrage dienen, wird hier gegliedert in Form von Konsumausgaben, Bruttoinvesti-
tionen, Lagerveränderungen und Exporten ausgewiesen. Außerdem wird die Endnachfrage nach inländischer (oder regionaler) und ausländischer Produktion unterschieden.

3. Quadrant (Wertschöpfung/Primäraufwand):

Der dritte Quadrant (in Abb. 4.2 der dunkelgraue Bereiche, Zeile W_1 bis W_n) bildet die im
Rahmen der Produktion entstandene Wertschöpfung der Produktionsbereiche nach Komponenten ab bzw. die in der Produktion der einzelnen Produktionssektoren eingeflosse-
nen Primärinputs. Für jeden Produktionsbereich gibt diese Matrix an, wie viel von jeder
Wertschöpfungskomponente für die Erzeugung des spezifischen Gutes einzusetzen war.
In diesem Quadranten werden Arbeitnehmerentgelte, Abschreibungen sowie Betriebsüberschüsse abgebildet.

4.1.3   Aufbau der Verwendungstabelle

Aus der Verwendungstabelle ist der Intermediärverbrauch aller Wirtschaftssektoren ab-
lesbar, also die Aufschlüsselung der von den Sektoren für die Produktion verwendeten
Vorleistungsgüter. Sie ist schematisch aufgebaut wie die Input-Output-Tabelle, allerdings
mit einem Unterschied in der Verflechtung. Während die Input-Output-Tabelle eine Gü-
terverflechtung darstellt, ist die Verwendungstabelle eine CPA x NACE-Matrix, in den
Zeilen stehen demnach die Güterklassen, während in den Spalten die Wirtschaftssektoren
(Aktivitäten) angegeben sind. Aus der Verwendungstabelle sind die für die Produktion
benötigten Vorleistungen eines im Inland produzierenden Wirtschaftssektors abzulesen.
Außerdem wird in ihr die Verwendung der einzelnen Güter von den verschiedenen Wirtschaftssektoren abgebildet. In einer Zeile ist zusätzlich, wie auch in der Input-Output-Tabelle, die Wertschöpfung, hier jedoch für die Wirtschaftssektoren, angegeben. Auch hier
wird letztlich die Endnachfrage ausgewiesen, zusätzlich können in einer eigenen Spalte
die darin enthaltenen Importe angegeben sein.

---

[4] Die symmetrischen Input-Output-Tabellen werden aus den Aufkommens- und Verwendungstabellen abgeleitet.

	Sektor $_1$	...	Sektor $_n$	Endnachfrage	Insgesamt
Gut $_1$	z_{11}	...	z_{1n}	Y_1	Σ_1
⋮	⋮	...	⋮	⋮	⋮
Gut $_n$	z_{n1}	...	z_{nn}	Y_n	⋮
Importe $_1$	m_{11}	...	m_{1n}	mY_1	⋮
⋮	⋮	...	⋮	⋮	⋮
Importe $_n$	m_{n1}	...	m_{nn}	mY_n	Σ_n
Wertschöpfung	W_1	...	W_n		
Produktionswert	X_1	...	X_n		

Abb. 4.3 Grundstruktur einer Verwendungstabelle. (Quelle: IHS HealthEcon und IHS Unternehmen, Branchen & Regionen (2013)

Die Verwendungstabelle wird sowohl zu Herstellungspreisen als auch zu Anschaffungspreisen dargestellt. Der Unterschied besteht in der (Nicht-)Berücksichtigung von Handels- und Transportspannen bzw. Gütersteuern abzüglich Gütersubventionen.

Wie auch die Input-Output-Tabelle ist die Verwendungstabelle in Quadranten aufzuteilen. Auch hier stellt der 1. Quadrant die Vorleistungsstruktur dar, mit der Verwendung der Güter in den einzelnen Wirtschaftsbereichen. Der 2. Quadrant weist den Endverbrauch der Güter und Exporte aus und der 3. Quadrant die Wertschöpfung der Wirtschaftssektoren.

In Abb. 4.3 ist die Verwendungstabelle schematisch dargestellt.

4.1.4 Aufbau der Aufkommenstabelle

Im Unterschied zur Verwendungstabelle, in der Intermediärverbrauch und Endnachfrage der Güter nach Wirtschaftsklassen angegeben sind, wird in der Aufkommenstabelle dargestellt, welcher Wirtschaftssektor welche Güter (heimisch) produziert. Auch hier handelt es sich um eine CPA x NACE-Matrix. Die Spalten geben demnach die einzelnen Wirtschaftssektoren an, während zeilenweise gelesen die einzelnen Güter nach ihren produzierenden Wirtschaftssektoren abgelesen werden können. Neben dem heimischen Aufkommen werden zusätzlich importierte Güter (bewertet zu cif[5]-Preisen) in der Tabelle ausgewiesen. Insgesamt stellt die Aufkommenstabelle die Produktionswerte der einzelnen Wirtschaftsbereiche bzw. Importe dar (1. Quadrant).

---

[5] Cost, Insurance and Freight.

	Sektor $_1$	...	Sektor $_n$	Importe	Handels- und Transportspannen	Gütersteuern, Gütersubventionen	Insgesamt
Gut $_1$	z_{11}	...	z_{1n}	m_1	H_1	S_1	Σ_1
⋮	⋮	...	⋮	⋮	⋮	⋮	⋮
Gut $_n$	z_{n1}	...	z_{nn}	m_n	H_n	S_n	Σ_n
Güter-aufkommen	X_1	...	X_n				

Abb. 4.4 Grundstruktur der Aufkommenstabelle. (Quelle: IHS HealthEcon und IHS Unternehmen, Branchen & Regionen (2013))

Bei der Aufkommenstabelle zu Herstellungspreisen mit Übergang zu Anschaffungspreisen werden zusätzlich die Handel- und Transportspannen sowie die Gütersteuern abzüglich Gütersubventionen hinzugerechnet. In Abb. 4.4 ist die Aufkommenstabelle schematisch dargestellt.

4.1.5 Methodik der Input-Output-Analyse

Wie bereits erwähnt, stellt die Input-Output-Tabelle den Ausgangspunkt der Input-Output-Analyse dar. Zur genaueren Beschreibung der Methodik wird auf die eben dargestellte Grundstruktur einer Input-Output-Tabelle verwiesen (siehe Abb. 4.2).

Der erste Quadrant, die *Vorleistungsmatrix* (1. Quadrant), beschreibt die Austauschbeziehungen von Produkten zwischen den Sektoren. Diese Austauschbeziehungen nennt man auch interindustrielle bzw. intersektorale Ströme. Diese werden für eine bestimmte Zeitperiode (üblicherweise ein Jahr) gemessen und in Geldeinheiten angegeben. Wenn n die Zahl der Sektoren beschreibt, ist der erste Quadrant grundsätzlich eine (2nxn)-Matrix: n Sektoren (in den Spalten) erhalten heimische Vorleistungen aus n Sektoren (in den Zeilen) und durch Importe (ebenfalls n Sektoren). Die heimischen Vorleistungen des Sektors i an Sektor j werden mit z_{ij}, jene der importierten Vorleistungen mit m_{ij} bezeichnet (i, j = 1, ... ,n).

Unter *Endnachfrage* (2. Quadrant) versteht man jene Nachfrage nach Gütern und Dienstleistungen, die nicht als Input im Produktionsprozess verwendet wird. Die Endnachfrage unterteilt man in fünf große Bereiche:

- Konsumausgaben der privaten Haushalte, C
- private Investitionen, V
- Lagerveränderungen, H
- die Staatsausgaben, G
- die Exporte, E.

Die ersten vier Komponenten werden häufig unter dem Begriff der „inländischen End-nachfrage" zusammengefasst, während die Exporte auch als „ausländische Endnachfrage" bezeichnet werden. Die Endnachfrage selbst wird mit Y abgekürzt und definiert sich wie folgt:

$$Y_i = C_i + V_i + H_i + G_i + E_i$$

Diese Gleichung gilt für jeden Sektor i, $i = 1,\ldots,n$.

Die *Wertschöpfungsmatrix* (3. Quadrant) zeigt, zeilenweise gelesen, die Verteilung der Wertschöpfungskomponenten auf die Sektoren und, spaltenweise gelesen, die Zusammensetzung der Wertschöpfung eines bestimmten Sektors. Die einzelnen Komponenten der Wertschöpfungsmatrix sind insbesondere

- die Zahlungen für Arbeitskraft, L, und
- weitere Komponenten wie Kapitalerträge, Bodenerträge, Gewinne, Steuern, die im Weiteren unter N zusammengefasst werden sollen.

Die Wertschöpfung selbst wird mit W abgekürzt und definiert sich wie folgt als:

$$W_i = L_i + N_i$$

Führt man nun all diese Elemente zusammen, so erhält man eine Tabelle jener Grundstruktur, wie in Abb. 4.2 (S. 29) dargestellt.

Man schreibt:

$z_{ij} \ldots$ heimische Vorleistungen (Ströme) von Sektor i zu Sektor j;
$m_{ij} \ldots$ importierte Vorleistungen von Sektor i zu Sektor j;
$Y_i \ldots$ gesamte Endnachfrage nach heimischen Gütern des Sektors i;
$my_i \ldots$ gesamte Endnachfrage nach importierten Gütern des Sektors i;
$X_i \ldots$ heimischer Gesamtoutput von Sektor i;
$mx_i \ldots$ importierte Güter des Sektors i;
$W_j \ldots$ Wertschöpfung im Sektor j;
$S_j \ldots$ Nettogütersteuern im Sektor j

Für jeden Sektor n gilt die Gleichheit zwischen Produktion und Verbrauch:

$$\sum_{i=1}^{n} z_{ij} + \sum_{i=1}^{n} m_{ij} + S_j + W_i = X_i = \sum_{j=1}^{n} z_{ij} + Y_i \qquad ij = 1,\ldots,n.$$

Wird die Zusammensetzung des Verbrauchs der heimischen Produktion des Sektors i, X_i, betrachtet

$$X_i = \sum_{j=1}^{n} z_{ij} + Y_i \qquad i = 1, \ldots, n$$

so zeigt sich die Verteilung des Outputs von Sektor i auf die anderen Sektoren (verwendete Vorleistungen) und auf die Endnachfrage Y_i im Sektor i. Diese Gleichung lässt sich für jeden einzelnen Sektor i = 1,…,n darstellen.

Für die weitere Analyse wird angenommen, dass die interindustriellen Ströme von i nach j vom Gesamtoutput des Sektors j in einer bestimmten Periode abhängen. Dabei werden konstante Skalenerträge unterstellt, sodass eine Erhöhung aller Inputs um einen bestimmten Faktor zu einer Steigerung des Outputs um genau diesen Faktor führt. Das Verhältnis von heimischer Vorleistung des Sektors i für den Output j kann daher folgendermaßen definiert werden:

$$a_{ij} = \frac{z_{ij}}{X_j} = \frac{\text{Inputstrom}}{\text{Output}}.$$

Diese n x n Verhältnisse können auch als inländische (oder regionale) Kunden-Lieferanten-Beziehungen interpretiert werden. Der Output eines jeden Sektors X_j kann mittels dieser Koeffizienten als Funktion der Inputbedürfnisse aller Sektoren nach diesem Output dargestellt werden, sodass gilt:

$$X_i = \sum_{j=1}^{n} a_{ij} X_j + Y_i \qquad i = 1, \ldots, n$$

Wie bereits erwähnt, bietet die Input-Output-Rechnung die Möglichkeit, die von einer veränderten Endnachfrage – hierzu zählen unter anderem privater Verbrauch, öffentlicher Verbrauch, Investitionen und Exporte – ausgehenden Wertschöpfungs- und Beschäftigungswirkungen zu quantifizieren. Dabei werden aber nicht nur die direkten, sondern durch die Verwendung der inversen Leontief-Matrix $(I-A)^{-1}$ als dem Kernstück des offenen statischen Input-Output-Modells (Pischner und Stäglin 1976) auch die indirekten Effekte aufgrund der Vorleistungsverkettungen ermittelt.

Bekannt seien die Endnachfrage Y_i sowie die Koeffizienten a_{ij}, gesucht werden die Werte X_1 bis X_n:

Werden alle Unbekannten auf eine Seite gebracht, erhält man folgendes lineare System mit n Unbekannten und n Gleichungen:

$$(1-a_{11})X_1 - \sum_{j=1}^{n} a_{1j}X_j = Y_1,$$

$$\vdots$$

$$-\sum_{j=1}^{n} a_{nj}X_j + (1-a_{nn})X_n = Y_n$$

beziehungsweise

$$(I-A)X = Y,$$

wobei

$$A = \begin{matrix} a_{11} & \cdots & a_{1n} \\ \vdots & \ddots & \vdots \\ a_{n1} & \cdots & a_{nn} \end{matrix}, \quad X = \begin{matrix} X_1 \\ \vdots \\ X_n \end{matrix} \quad \text{und} \quad Y = \begin{matrix} Y_1 \\ \vdots \\ Y_n \end{matrix}.$$

Die Matrix A ist die Matrix der inländischen (oder regionalen) Kunden-Lieferanten-Beziehungen, X und Y sind Spaltenvektoren des Bruttooutputs beziehungsweise der Endnachfrage. I ist die Einheitsmatrix. (I–A) wird als die *Leontief-Matrix* bezeichnet.

Um den gesamten Effekt einer Änderung der Endnachfrage zu bestimmen, ist es notwendig, nicht nur die direkten Auswirkungen, sondern auch die indirekten Effekte durch benötigte Vorleistungen zu messen. Um solche Effekte zu quantifizieren, wird der Bruttooutput als Funktion der Endnachfrage dargestellt:

$$X = (I-A)^{-1}Y$$

$(I–A)^{-1}$ wird auch als die *Leontief-Inverse* bezeichnet. Mit der Leontief-Inversen können die *primären Effekte* (das sind die direkten und die indirekten Effekte) im Inland (oder der betrachteten Region) ermittelt werden. Ihre einzelnen Elemente zeigen, wie viele monetäre Einheiten Lieferungswert aus heimischer Produktion des Zeilenvektors für eine monetäre Einheit Endnachfrage im Spaltenvektor erforderlich sind (Richardson 1979).

4.1.6 Ermittlung bestimmter Ausgabeneffekte

Ausgaben gliedern sich primär in zwei große Ausgabengruppen: Personalausgaben und Sachausgaben. Personalausgaben und etwaige Überschüsse zählen großteils zu den *direkten Wertschöpfungseffekten*.

Die Sachausgaben bilden den Nachfragevektor Y^s, diese führen zu unmittelbaren *indirekten Effekten*.

Gegeben ist nun zum Beispiel ein Nachfragevektor Y^s. Sollen die ökonomischen Effekte von bestimmten Ausgaben oder Investitionen quantifiziert werden, so sind etwaige Steuerbelastungen, die diese Ausgaben belasten (etwa die Umsatzsteuer), von den Ausgaben Y^s abzuziehen. Weiters sind Ausgaben abzuziehen, die direkt im Ausland getätigt werden oder durch einen Händler importiert werden, um die im Inland wirksam werdenden Nettoausgaben Y^h zu erhalten.

Mit den Nettosachausgaben Y^h schätzt man zuerst den dafür notwendigen heimischen Produktionsbedarf X^h:

$$X^h = (I - A)^{-1} Y^h$$

Ausgehend vom Produktionsbedarf X^h können nun weitere ökonomische Größen ermittelt werden.

4.1.6.1 Wertschöpfungseffekt, Beschäftigung, Lohn und Betriebsüberschuss

Aus der Input-Output-Tabelle können mit den sektorbezogenen Wertschöpfungswerten W_j und den sektorbezogenen Produktionswerten X_j die Wertschöpfungskoeffizienten berechnet werden:

$$w_j = \frac{W_j}{X_j} \qquad j = 1, \ldots, n.$$

Der Wertschöpfungskoeffizient w_j gibt den Anteil der Wertschöpfung an den Produktionskosten des Wirtschaftsbereiches j an.

Werden nun diese Wertschöpfungskoeffizienten w_j mit dem entsprechenden Produktionsbedarf X^h entsprechend multipliziert, so erhält man den gesamten Wertschöpfungseffekt (direkt und indirekt) der untersuchten Maßnahme:

$$W^h = \sum_{j=1}^{n} w_j X_j^h$$

Genauso wie die Wertschöpfung aus dem Produktionsbedarf ermittelt werden kann, können die für die Maßnahme notwendigen direkten und indirekten Beschäftigungseffekte, Löhne und die generierten Betriebsüberschüsse berechnet werden. So werden etwa die Beschäftigungskoeffizienten b_j anhand der Beschäftigungszahlen im Sektor j, B_j, und der entsprechenden Wertschöpfung ermittelt:

$$b_j = \frac{B_j}{W_j} \qquad j = 1, \ldots, n.$$

Die Zahl der Beschäftigten, die man mit einer bestimmten Maßnahme h in Verbindung bringen kann, ist dann

$$B^h = \sum_{j=1}^{n} b_j W_j^h.$$

Ebenso erhält man die Löhne L^h und die generierten Gewinne G^h:

$$l_j = \frac{L_j}{W_j}, \quad g_j \frac{G_j}{W_j}, j = 1, \ldots, n \quad L^h = \sum_{j=1}^{n} l_j W_j^h \quad G^h = \sum_{j=1}^{n} g_j W_j^h$$

4.1.6.2   Kaufkraft und Abgaben der Beschäftigten

Die ermittelten Löhne L^h umfassen die Bruttolöhne und die Arbeitnehmerabgaben. Um nun das verfügbare Einkommen zu erhalten, sind alle öffentlichen Abgaben, welche die Beschäftigten belasten, abzuziehen. Dies sind vorwiegend Beiträge zur Sozialversicherung und Einkommenssteuern. Diese Abgaben sind nach den diversen Gebietskörperschaften aufzuteilen.

Zieht man vom verfügbaren Einkommen die Ersparnisse ab, erhält man das *nachfragewirksame Einkommen*, das zur Berechnung der konsuminduzierten Effekte im folgenden Abschnitt benötigt wird.

4.1.6.3   Konsuminduzierte Effekte

Zusätzlich zu den direkten und indirekten Effekten lassen sich auch die induzierten Effekte berechnen. Eine Veränderung der Endnachfrage generiert (soweit es sich um eine Erhöhung handelt) Beschäftigung und folglich Löhne und Gehälter. Die entstehenden Einkommen induzieren, nach Berücksichtigung der Steuern und Sozialabgaben und der Sparneigung der Haushalte, eine erhöhte Nachfrage nach Konsumgütern in Höhe des nachfragewirksamen Einkommens. Die Erhöhung der Endnachfrage bewirkt weitere ökonomische Effekte. Denn diese Nachfrage nach Konsumgütern löst wiederum eine Nachfrage nach Gütern aus, welche (direkt oder indirekt) als Inputs für die nachgefragten Konsumgüter dienen. Dadurch wird die Produktion in verschiedenen Wirtschaftsbereichen angeregt, Arbeitsplätze werden gesichert. Die daraus resultierenden Löhne und Gehälter werden wiederum (nach Abzug aller Abgaben) konsumwirksam – bis ein Grenzwert erreicht wird. Dabei ist zu beachten, dass ein Teil der konsuminduzierten Nachfrage direkt durch Auslandsgüter oder Güter anderer Regionen befriedigt wird, sodass nur ein Teil der konsuminduzierten Nachfrage in der betrachteten Region tatsächlich wirksam wird.

4.1.7   Definitorische Zusammenfassung ermittelter Effekte

Folgende Effekte können abgeschätzt werden:

Effekte auf den Bruttoproduktionswert Der Bruttoproduktionswert entspricht der gesamten Produktion. Dazu zählen der Umsatz mit allen Erzeugnissen aus eigener Produktion, der Wert der für den internen betrieblichen Gebrauch bestimmten Erzeugnisse und der Wert eventueller Lagerveränderungen.

Wertschöpfungseffekte Die Bruttowertschöpfung umfasst die innerhalb eines abgegrenzten Wirtschaftsgebietes erbrachte und in Marktpreisen ausgedrückte wirtschaftliche Leistung (Produktionswert abzüglich der Vorleistungen) der einzelnen Wirtschaftszweige oder der Volkswirtschaft insgesamt.

Beschäftigungseffekte Gemeint sind alle Arbeitsplätze, die bedingt durch die Gesundheitswirtschaft Österreich und ihren Verflechtungen mit anderen Wirtschaftsbereichen entstehen. Die Beschäftigungseffekte werden sowohl in Personenjahren (Arbeitsplätze), als auch in Vollzeitäquivalenten (VZÄ) ausgewiesen. Ein VZÄ entspricht einem kollektivvertraglichen Vollzeitarbeitsplatz.

Fiskalische Effekte Zu den bereits angeführten Wertschöpfungs- und Beschäftigungseffekten kommen auch die nicht zu vernachlässigenden Steuerrückflüsse in Form von Sozialversicherungsbeiträgen und Steuern hinzu:

• Abgaben zur Sozialversicherung,
• Einkommensteuer,
• Körperschaftsteuer,
• Umsatz- und Verbrauchssteuern.

Steuern und Abgaben folgender bezugsberechtigter Gebietskörperschaften werden dargestellt:

• Sozialversicherung,
• Bund
• Bundesländer
• Gemeinden.

Kaufkrafteffekte Zusätzlicher Konsum in Österreich wird durch die Nettoeinkommen, die von den Beschäftigten erwirtschaftet und in weiterer Folge nachfragewirksam werden, ausgelöst. Zur Quantifizierung der direkten Kaufkrafteffekte wird daher das nachfragewirksame Nettoeinkommen benötigt. In Österreich berechnet sich dieses aus den Personalausgaben abzüglich der Steuern und Sozialversicherungsbeiträge. Von diesen

Nettoeinkommen werden weiter die Ersparnisse und direkte sowie indirekte Ausgaben im Ausland abgezogen.

Die ökonomischen Effekte können folgendermaßen klassifiziert werden:

Die *direkten Effekte* werden unmittelbar durch die Maßnahme(n) ausgelöst. Es werden vorwiegend die folgenden wirtschaftlichen Impulse beachtet:

• Die Personalausgaben (direkter Einkommenseffekt),
• die Zahl der Beschäftigten bei den untersuchten Einrichtungen selbst (direkter Beschäftigungseffekt),
• etwaige Gewinne der Einrichtungen (direkter Betriebsüberschuss).

Die direkt ausgelösten Wirtschaftsaktivitäten verursachen aufgrund der wirtschaftlichen Verflechtungen (Vorleistungskette) die *indirekten Effekte*.

• Für den Betrieb von gesundheitsrelevanten Einrichtungen müssen in der Regel die unterschiedlichsten Leistungen zugekauft werden: Darunter fallen für den Betrieb der Gebäude notwendige Leistungen (Energie, Wasser, Abwasserentsorgung, Reinigung etc.), Ausgaben für Werbung oder auch Investitionen in die Ausrüstung. Der Kauf dieser Vorleistungen führt wiederum zu Beschäftigungs- und Wertschöpfungseffekten bei den liefernden Unternehmen. Aber auch für die Erbringung der Vorleistungen sind Materialien und Leistungen notwendig, die zugekauft werden müssen usw. Die indirekten Effekte bilden diese Verflechtungskette in der Volkswirtschaft ab.

Die direkten und indirekten Effekte (das sind die primären Effekte) bewirken eine Veränderung in der Beschäftigung; dies wiederum führt zu veränderten Einkommen, Kaufkraft und Konsum. Dieser Wirkungskanal löst die (*konsum-*)*induziertenEffekte* aus.

Erläuterndes Beispiel

Der *Bruttoproduktionswert* stellt die Summe aller Produktionsprozesse dar. Die Aussagekraft ist geringer als jene der Wertschöpfung. Denn teilt ein Unternehmen beispielsweise seine Produktion auf mehrere Tochterunternehmen auf, so steigt die Bruttoproduktion, da der Produktionsprozess nicht mehr unternehmensintern abläuft, sondern jetzt mehrere Produktionsschritte in der Volkswirtschaftlichen Gesamtrechnung erfasst werden. Die Produktion des vorgelagerten Betriebes ist aber Vorleistung für den nächsten Betrieb, stellt bei diesem also eine Ausgabe für Vorleistungen dar. Nur die Wertdifferenz ist die tatsächliche *Wertschöpfung*. Sind die Betriebe integriert, so wird Bruttoproduktion verringert. Die Wertschöpfung bleibt aber gleich.

Erläuterndes Beispiel im Gesundheitswesen

Eine Hüftprothese wird einem Patienten eingesetzt. Der Lohn für das ärztliche und sonstige medizinische Personal stellt unmittelbare Wertschöpfungskomponente dar, da deren Entgelt für den Mehrwert steht, der dem Patienten zugutekommt, weil er ein wieder funktionierendes Hüftgelenk erhält. Dies ist der *direkte Wertschöpfungseffekt*, der unmittelbar durch die Inanspruchnahme des Spitals durch den Patienten entsteht. Die Stromversorgung des OPs, das Essen für den Patienten, die Hüftprothese, Nahtmaterial etc. werden als *Vorleistungen* bezogen und stellen damit die *indirekten Effekte* dar. Deren Herstellung erfordert wiederum Vorleistungen: Das verarbeitete Metall der Hüftprothese, die Kunststoffe des Nahtmaterials, der zur Erzeugung eingesetzte Strom. Gleichzeitig entsteht auch Wertschöpfung: Aus der bloßen Metalllegierung wird durch die Ingenieure und Metallgießer die Prothese. Der Hersteller der Metalllegierung hat die einfachen Reinmetalle als Vorleistungen bezogen. Die Wertschöpfung besteht aus der Arbeit, die die Techniker investieren, um aus den Metallen die Legierung zu erzeugen.

Die Wertschöpfung auf jeder Stufe wird als Arbeitnehmerentgelt, Gewinn oder Steuer realisiert. Mit diesen Einkommenskomponenten kann nun der Arbeitnehmer, der Unternehmer oder der Staat wiederum Leistungen konsumieren. Es entstehen die *induzierten Effekte*.

Beispiel

In den später folgenden Ergebnistabellen wäre der Bruttoproduktionswert dieses Vorgangs: Kosten der Operation + Kosten der Prothese, des Nahtmaterials des Stroms und des Essens etc. + Kosten der Metalllegierung etc.

Da das Spital zwar die Kosten für die Operation inklusive der Kosten für die Prothese ersetzt erhält, dafür aber die Prothese usw. bezahlen muss, ist nur der von ihm geleistete zusätzliche Wert auch Wertschöpfung, d. h. das Einsetzen der Prothese und die Pflege des Patienten bis zur Entlassung, welche vor allem durch die Entgelte des Personals repräsentiert werden. Ein etwaiger Gewinn (z. B. bei einem Privatspital, in einer Ordination) ist als Unternehmerlohn ebenfalls Wertschöpfungskomponente.

In Abb. 4.5 wird der Wertschöpfungsprozess im Gesundheitswesen anhand des eben genannten Beispiels abgebildet.

4.1.8 Annahmen

Die Input-Output-Analyse stellt ein wichtiges Instrument zur Abschätzung konjunktureller Auswirkungen unterschiedlicher Investitionen und Ausgaben dar. Unter Würdigung der Methode und der Interpretation der Ergebnisse und deren Aussagekraft muss jedoch

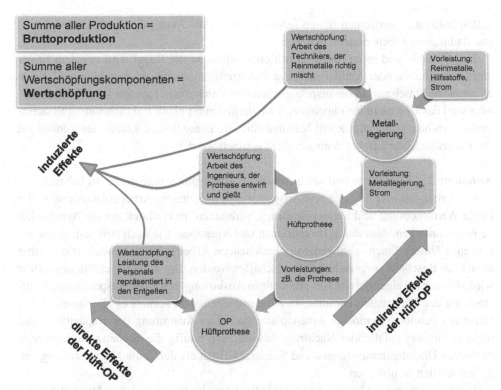

Abb. 4.5 Beispiel Wertschöpfungsprozess im Gesundheitswesen. (Quelle: Schnabl et al. (2009, S. 21), Darstellung: IHS HealthEcon und IHS Unternehmen, Branchen & Regionen (2013)

berücksichtigt werden, dass die Analyse auf einer Reihe von vereinfachenden Annahmen beruht, die im Folgenden kurz dargestellt und erläutert werden.

Annahme 1 Ersatz- und Neuinvestitionen sind gleich zu behandeln.

Investitionen in den Kapitalstock können in zwei Kategorien unterteilt werden:

- Mit Ersatzinvestitionen werden alte oder nicht mehr funktionstüchtige Maschinen, Gebäude u. a. ersetzt, um die Produktion auf gleichem Niveau aufrechterhalten zu können.
- Mit Neuinvestitionen wird die Produktion erweitert, die Qualität der produzierten Erzeugnisse oder die Produktivität erhöht oder eine neue Produktion aufgenommen.

Während reine Ersatzinvestitionen zu keinerlei Veränderungen im Kapitalstock führen – sie verhindern dessen Absinken – wird dieser durch Neuinvestitionen erhöht. Eine Kapitalstockerhöhung führt zu einer Erhöhung der Produktion und kann auch zu einer Erhöhung der Produktivität führen. Dies stärkt die Wettbewerbsfähigkeit und sichert existierende Arbeitsplätze, kann aber auch zu einem erhöhten Bedarf an Arbeitskräften führen. Reine Ersatzinvestitionen erhalten Arbeitsplätze, schaffen aber keine neuen. Nicht getätigte Ersatzinvestitionen führen jedoch zu einer Absenkung der Produktionsleistung und dadurch zu Arbeitsplatzreduktionen.

In der Praxis sind reine Ersatzinvestitionen selten. In der Regel wird mit dem Ersatz von Gerätschaften oder Ähnlichem meist gleichzeitig modernisiert, entweder weil die zu ersetzenden Maschinen in der ursprünglichen Form nicht mehr (am Markt) erhältlich sind oder weil das Unternehmen ohnehin eine Modernisierung plant. Folglich führen Ersatzinvestitionen häufig zu (impliziten) Neuinvestitionen. Diese beiden Kategorien können bei der Berechnung der Effekte demnach nicht getrennt werden.

Annahme 2 Abgesicherte und neu geschaffene Arbeitsplätze sind gleich zu behandeln.

Mit getätigten Investitionen und Ausgaben sind unmittelbar Arbeitsplätze, und in der Folge Wertschöpfung und Steuereinnahmen, verbunden. In Hinblick auf die Arbeitsplätze ist anzumerken, dass durch Investitionen und Ausgaben – je nach Auslastung der betroffenen Unternehmen – entweder die bestehenden Arbeitsplätze abgesichert oder aber auch neue Beschäftigungsverhältnisse geschaffen werden. Der volle Beschäftigungseffekt wird sich nur bei einer bereits 100-prozentigen Auslastung und einer entsprechenden Aufstockung der Kapazitäten entfalten. In allen anderen Fällen kommt es aber zu einer Absicherung bereits vorhandener Arbeitsplätze und einer Auslastung der Kapazitäten. Bei nicht permanent anfallender Nachfrage besteht auch häufig die Tendenz, diese eher in Form von Überstundenleistungen und Sonderschichten als durch die Neueinstellung von Arbeitskräften zu bedienen.

In der vorliegenden Untersuchung wird allerdings der Frage, welches Ausmaß der Beschäftigung abgesichert beziehungsweise neu geschaffen wird, nicht weiter nachgegangen. Vielmehr wird das Gesamtausmaß der mit den Ausgaben und Investitionen in Verbindung stehenden Beschäftigung ausgewiesen, unabhängig davon, ob neue Arbeitsplätze generiert oder bei bereits bestehenden die Auslastung verändert wird.

Annahme 3 Preiseffekte werden nicht berücksichtigt.

Das statische Input-Output-Modell basiert auf der Annahme konstanter, preisunabhängiger Vorleistungskoeffizienten, das heißt, die Preise werden als gegeben angesehen. Dies bedeutet, dass keine Preiseffekte mit den getätigten Ausgaben und Investitionen verbunden sind, was angesichts der Analyse von Effekten in der Vergangenheit und der kurzfristigen Betrachtung von ökonomischen Wirkungen vertretbar ist.

Annahme 4 Die Produktionsfaktoren sind ausreichend mobil.

Bei einer Steigerung der Nachfrage wird in der Methodik der Input-Output-Analyse vorausgesetzt, dass die jeweiligen Kapazitäten (Vorleistungsgüter, Arbeitnehmer, usw.) auch tatsächlich vorhanden sind. Bei offenen Volkswirtschaften stellt diese Annahme kein Problem dar, solange die Faktoren ausreichend mobil sind. Lediglich bei geschlossenen Volkswirtschaften (kein Import-Export, keine Arbeitnehmermobilität mit externen Partnern) kann es zu Engpässen bei notwendigen Produktionsfaktoren kommen und damit der ermittelte Wirtschaftseffekt überschätzt werden.

4.2 Berechnung des nationalen österreichischen GSK

Grundsätzlich werden die für die Erstellung des österreichischen Gesundheitssatelliten-kontos notwendigen gesundheitsrelevanten Komponenten (Güter und Aktivitäten) der nationalen Input-Output-Tabelle, gemäß der ÖCPA bzw. ÖNACE 2008 Klassifikation, entnommen. Eine Herausforderung stellte die Zuordnung der Güter sowie Aktivitäten gemäß ÖCPA bzw. ÖNACE 2008 Klassifikation nach dem Aspekt der Gesundheitsrelevanz dar. Hierfür wurde eine Unterteilung gewählt, die zwischen dem Kernbereich Gesundheitswirtschaft (KGW), der Erweiterten Gesundheitswirtschaft (EGW) und der Nicht-Gesundheitswirtschaft (NGW) unterscheidet (siehe Abb. 5.1, S. 61).

Jede Güterklasse bzw. Aktivität wurde in diese drei Unterscheidungskriterien differenziert. Dieses Prinzip ist grundlegend für die Erstellung des Gesundheitssatellitenkontos und wird in Verwendungs-, Aufkommens- sowie Input-Output-Tab. 2008 angewandt. Es werden jeweils Zeilen als auch Spalten der Tabellen (entsprechend den Güterklassen bzw. Aktivitäten) gemäß dieser Systematik erweitert (siehe Abb. 4.6). Jede einzelne Zelle des ersten Quadranten (Vorleistungen bzw. Investitionen bzw. Aufkommen) der jeweiligen originären Tabelle wird dabei auf eine 3×3-Tabelle erweitert (jeweils für die Zeilen und Spalten nach NGW, KGW und EGW – Verdreifachung von Zeilen und Spalten).

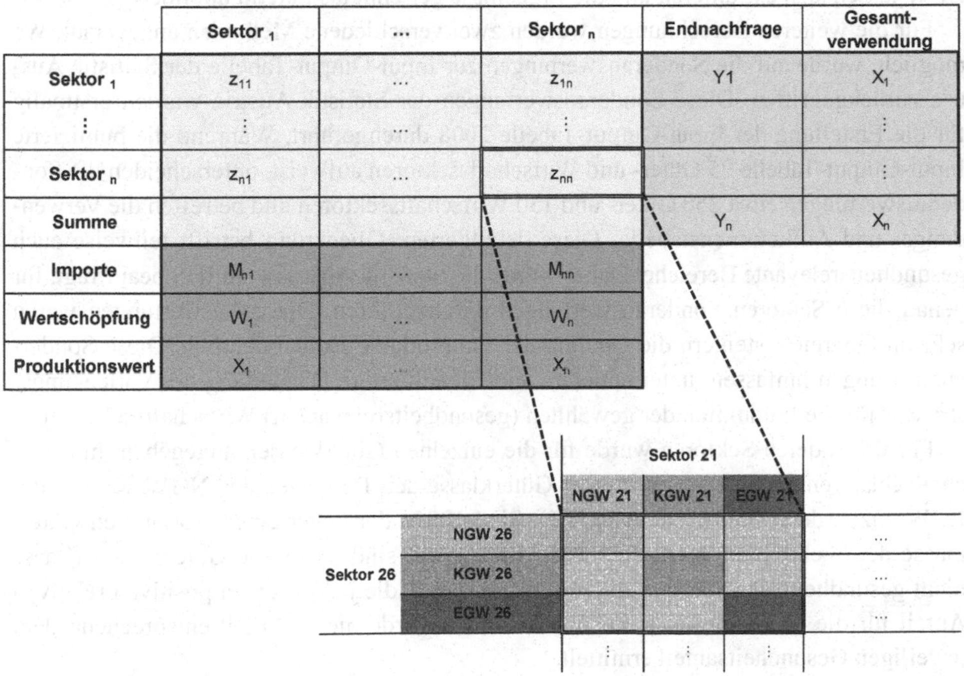

Abb. 4.6 Veranschaulichung der 3×3 Unterteilung. (Quelle: IHS HealthEcon und IHS Unternehmen et al. (2013))

Jede Zelle des zweiten Quadranten (Endnachfrage) wird in eine 3×1-Tabelle disaggregiert (Verdreifachung der Zeilen). Jede Zelle des dritten Quadranten (Wertschöpfung) wird in eine 1×3-Tabelle zerlegt (Verdreifachung der Spalten). Dieses Prinzip wird auf alle 75 Sektoren der ÖCPA bzw. ÖNACE 2008 Klassifikation in der Verwendungs-, Aufkommens- und Bruttoanlageinvestitionstabelle angewandt. Zusätzlich wird die Güterklasse bzw. Aktivität (86) „Dienstleistungen des Gesundheitswesens" bzw. (86) „Gesundheitswesen" in die drei Unterklassifikationen (86 A) „Dienstleistungen von Krankenhäusern", (86 B) „ärztliche Dienstleistungen in Arzt- und Zahnarztpraxen" und (86 C) „sonstige Dienstleistungen des Gesundheitswesens" erweitert. Dies gemäß den Sonderauswertungen der Input-Output-Tabelle der Statistik Austria, die die Gesamtanzahl der Güterklassen bzw. Aktivitäten von 75 auf 77 erhöhte. Aus dieser Gesamtzusammenstellung ergibt sich eine deutlich erweiterte Version für Verwendungs-, Aufkommens-, Bruttoanlageinvestitions- und Input-Output-Tabelle, und zwar insofern, als die 77 Sektoren ($75+2$) jeweils in die drei Bereiche der Gesundheitswirtschaft (NGW, KGW, EGW) unterteilt werden und dies auf Zeilen als auch Spalten angewandt wird. Dies ergibt, für die jeweiligen ersten Quadranten aller Tabellen, eine (77×3) X (77×3)-Matrix bzw. 231×231-Matrix als grundlegende Ausgangsstruktur für die folgenden Schritte, für zweiten und dritten Quadranten gilt Entsprechendes. Die so gewonnene Systematik erlaubt eine Darstellung der Verflechtungen der Gesundheitswirtschaft (intrasektorale Verflechtung KGW, EGW) mit sich selber und mit der restlichen Wirtschaft (intersektorale Verflechtung NGW). KGW, EGW lassen sich extrahieren und die Ergebnisse getrennt als Satellit abbilden.

Für die weiteren Berechnungen wurden zwei verschiedene Methoden angewandt. Wo möglich, wurde auf die Sonderauswertungen zur Input-Output-Tabelle der Statistik Austria zurückgegriffen. Diese Sonderauswertungen der Statistik Austria wurden erstmalig für die Erstellung der Input-Output-Tabelle 2008 durchgeführt. Während die publizierte Input-Output-Tabelle 75 Güter- und Wirtschaftssektoren aufweist, unterscheiden die Sonderauswertungen etwa 250 Güter- und 150 Wirtschaftssektoren und betreffen die Verwendungs- und Aufkommenstabelle. Diese detailliertere Gliederung betrifft teilweise auch gesundheitsrelevante Bereiche. Daher wurde die Statistik Austria vom IHS beauftragt, für genau diese Sektoren Sonderauswertungen durchzuführen. Diese Auswertungen waren sehr umfangreich, steigern die Qualität der Endprodukte jedoch deutlich. Diese Sonderauswertungen umfassen, unter anderem, eine detailliertere Darstellung der Vorleistungsstruktur für die Produktion der gewählten (gesundheitsrelevanten) Wirtschaftssektoren.

Für die anderen Sektoren wurde für die einzelnen Güterklassen angegeben, mit welchem relativen Anteil die Güter jener Güterklasse den Bereichen aus NGW, KGW oder EGW zuzuordnen sind (siehe Abb. 4.7). Sind 100 % der Güter einer bestimmten Güterklasse der Nicht-Gesundheitswirtschaft zuzuordnen, sind somit alle Güter dieser Klasse nicht gesundheitsrelevant. Für all jene Güterklassen, die jedoch einen positiven relativen Anteil für die KGW und/oder EGW aufweisen, wurde dieser Anteil entsprechend dem jeweiligen Gesundheitsanteil ermittelt.

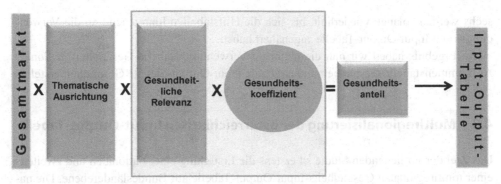

Abb. 4.7 Ermittlung der Gesundheitsanteile. (Quelle: IHS HealthEcon und IHS Unternehmen, Branchen & Regionen (2013))

Diese Vorgangsweise wurde, in einem ersten Schritt, auf Verwendungs-, Aufkommens- und Input-Output-Tabelle angewandt. Im zweiten Schritt wurden die Daten der Sonderauswertungen in die erweiterte Verwendungs- und Aufkommenstabelle eingefügt. Im dritten Schritt erfolgen Anpassungen der Vorleistungs- und Wertschöpfungsstrukturen in den erweiterten Verwendungs- und Input-Output-Tabellen bzw. der Aufkommensstruktur in der Aufkommenstabelle, um unterschiedliche Produktionsverhältnisse der jeweiligen NGW-, KGW- und EGW-Sektoren zu berücksichtigen. Im vierten Schritt werden die Informationen der Sonderauswertungen (diese betreffen ja ausschließlich Aufkommens- und Verwendungstabelle) in transformierter Form in die erweiterte Input-Output-Output-Tabelle eingetragen.

Im fünften Schritt wird nun die Input-Output-Tabelle in eine „Hilfs"-Verwendungstabelle transformiert. Für die Transformation von Input-Output-Tabellen in Verwendungstabellen (und umgekehrt) gibt es verschiedene, sich widersprechende Annahmen. Als Extrempositionen treffen beispielsweise Güter- und Industrietechnologie-Annahme aufeinander. Bei der Gütertechnologieannahme wird angenommen, dass jedes Gut mit einer bestimmten Technologie produziert wird, unabhängig davon, welcher Wirtschaftsbereich dieses Gut herstellt.[6] Demgegenüber geht die Industrietechnologieannahme davon aus, dass jeder Wirtschaftsbereich eine bestimmte Technologie verwendet, unabhängig davon, was produziert wird.[7] Da die Statistik Austria bei der Generierung ihrer nationalen Input-Output-Tabelle von der Gütertechnologieannahme ausgeht (und uns diese plausibler erscheint), nutzen auch wir diese Annahme, um die nationale Input-Output-Tabelle Gesundheit zu erzeugen.

Um nun die Informationen der Sonderauswertungen, die in Verwendungs- und Aufkommenstabelle eingefügt wurden, einzuarbeiten, wurde im sechsten Schritt die „Hilfs"-Verwendungstabelle mit der Verwendungstabelle verglichen und es werden, wo notwendig, weitere Anpassungen in der Input-Output-Tabelle durchgeführt. Die Schritte fünf und

---

[6] Holub und Schnabl (1994) Input-Output-Rechnung: Input-Output-Analyse – Einführung, S. 66.
[7] Holub und Schnabl (1994) Input-Output-Rechnung: Input-Output-Analyse – Einführung, S. 65.

sechs werden solange wiederholt, bis sich die Hilfstabellen hinreichend an die Verwendungs- und Input-Output-Tabelle angenähert haben.

Im Ergebnis haben wir nun die nationale Verwendungstabelle Gesundheit, nationale
Aufkommenstabelle Gesundheit und nationale Input-Output-Tabelle Gesundheit erstellt.

4.3   Multiregionalisierung der österreichischen Input-Output-Tabelle

Das Ziel der vorliegenden Studie ist erstens die Erstellung einer nationalen und zweitens
einer multiregionalen Gesundheits-Input-Output-Tabelle auf Bundesländerebene. Die nationalen Tabellen enthalten keine regionalen Daten[8] und regionale Input-Output-Tabellen
existieren nur in seltenen Ausnahmefällen. Das Interesse für ökonomische Analysen auf
regionaler Ebene macht es jedoch erforderlich, nationale Input-Output-Modelle zu regionalisieren, um so die Besonderheiten regionaler Fragestellungen abbilden zu können. In
formaler Hinsicht unterscheiden sich diese regionalen Input-Output-Tabellen nicht von
jenen der Gesamtwirtschaft.

Im Allgemeinen gilt, dass bei kleineren betrachteten Wirtschaftseinheiten die Abhängigkeit vom Handel mit „außen" gelegenen Wirtschaftseinheiten größer ist als bei großen
Wirtschaftseinheiten – sowohl als Empfänger der eigenen, regionalen Produkte als auch
als Lieferant für notwendige Inputs der regionalen Produktion. Es gilt abzuschätzen, wie
groß diese Sickerverluste nach „außen", das heißt durch Importe aus dem Ausland beziehungsweise aus anderen Bundesländern, sind.

Die für einzelne Regionen beziehungsweise Bundesländer erstellten Tabellen (regionale Input-Output- Tabellen) bilden die gesamtwirtschaftlichen Verflechtungen jedoch nicht
in ihrer Gesamtdimension ab, zumal Multiplikatoreffekte aus anderen Bundesländern keine Berücksichtigung finden können.

Eine notwendige Weiterentwicklung der regionalen Input-Output-Tabellen stellt daher
die multiregionale Input-Output-Tabelle dar. Diese verknüpft alle relevanten und zu betrachtenden Regionen in einer einzigen Tabelle, sodass zusätzlich zu den intraregionalen
(innerhalb eines Bundeslandes) auch die interregionalen (zwischen den einzelnen Bundesländern) Verflechtungen abgebildet werden können. Anhand der multiregionalen Input-
Output-Tabelle können die auf Bundesländerebene ausgelösten ökonomischen Effekte
sowie die in anderen Bundesländern und auch im Ausland ausgelösten wirtschaftlichen
Impulse berechnet werden. Im Folgenden wird der Prozess der Multiregionalisierung der
österreichischen Input-Output-Tabelle kurz erörtert.

Der Prozess der Multiregionalisierung von SAMs (Social Accounting Matrices, Input-
Output-Tabellen zählen hier dazu) kann zwar vorab geplant werden, jedoch keinem festen
Schema folgen. Während des Prozesses der Multiregionalisierung können aufgrund von
etwaigen Instabilitäten der Ausgangstabelle, unterschiedlicher Datenqualität und großen
Tabellen Schwierigkeiten auftreten, die zu einer Abweichung vom Plan führen können.

---

[8] Bevor regionale Daten in die Volkswirtschaftliche Gesamtrechnung oder in die nationalen Input-
Output-Tabellen einfließen, werden sie auf nationaler Ebene aggregiert.

Zur Erstellung der multiregionalen Tabellen aus der nationalen Input-Output-Tabelle[9] für die österreichischen Bundesländer wurde für die vorliegende Studie ein speziell auf Österreich zugeschnittenes Verfahren eingesetzt. Dabei entstanden nicht nur regionale Tabellen für die einzelnen Bundesländer, sondern auch multiregionale Tabellen, die die Verflechtungen zwischen den Bundesländern (interregionale Verflechtungen) widerspiegeln. Auf Basis der Datenverfügbarkeit für Österreich gliedert sich die verwendete Methodik zur Multiregionalisierung der österreichischen Input-Output-Tabelle – basierend auf Kleissner (2005) – in acht Schritte. Aufgrund veränderter Datenverfügbarkeit[10] und der Weiterentwicklung von Methoden, wurde jedoch sowohl das Verfahren als auch die benötigten Datenquellen gegenüber den ursprünglichen Quellen modifiziert und den heutigen Gegebenheiten angepasst.

Primärdaten mussten keine erhoben werden. Auf nationaler Ebene diente als Basis die österreichische Input-Output-Tabelle zu Herstellungspreisen (inländische Produktion, 2008 der Statistik Austria). Regionale Sekundärdaten zu Bruttowertschöpfung, Bruttoproduktionswert und Beschäftigung sowie zu Österreichs Güterverkehr stammen ebenfalls Großteils von der Statistik Austria (Leistungs- und Strukturstatistik, Regionale Gesamtrechnung, Außenhandelsstatistik, Österreichische Verkehrsstatistik), teilweise von der Wirtschaftskammer Österreich (Daten zum Österreichischen Güterbeförderungsgewerbe, „Österreichs Verkehrswirtschaft in Zahlen"), dem Hauptverband der österreichischen Sozialversicherungsträger (Beschäftigungsdaten) und der Arbeitsmarktdatenbank (Daten zu Beschäftigung und Gehältern). Fehlende Bruttowertschöpfungs-, Bruttoproduktions- und Beschäftigungsdaten wurden mithilfe verschiedener Annahmen und Verfahren ergänzt. Die interregionalen Verflechtungen import- und exportseitig wurden aus den Informationen zu den nationalen, grenzüberschreitenden Importen und Exporten sowie zu den Transportverflechtungen der Bundesländer abgeleitet.

Auf dem Wege der Erstellung der multiregionalen Input-Output-Tabelle für Österreich wurden für jedes Bundesland auch eine Inputkoeffizienten-Matrix und eine regionale Bundesland-Input-Output-Tabelle – sowie auf nationaler Ebene von der Statistik Austria als Teil der Input-Output-Tabelle publiziert – erzeugt. Dazu wurden u. a. die benötigten Inputs für die regionale Produktion nicht nur bezüglich den liefernden Gütersektoren, sondern auch bezüglich der Herkunft unterschieden – zuerst nur zwischen den drei Kategorien 1) aus demselben Bundesland, 2) aus Österreich, aber einem anderen Bundesland und 3) aus dem Ausland. In einem weiteren Schritt wurde die zweite Kategorie weiter zerlegt in Lieferung bzw. Bezug jeweils eines Bundeslandes mit den anderen acht verschiedenen Herkunftsbundesländer.

---

[9] Selbes Verfahren wird auch für die regionale Verwendungstabelle 2008 sowie die regionale Aufkommenstabelle 2008 durchgeführt. Zur einfacheren Lesbarkeit wird jedoch die Regionalisierung der Input-Output-Tabelle beschrieben, jene der anderen Tabellen erfolgt analog.

[10] Zum Zeitpunkt des Verfassens der Arbeit von Kleissner (2005) stammte die aktuellste, von der Statistik Austria publizierte Input-Output-Tabelle aus dem Jahr 2000. Zusätzlich verwendete Datenquellen wurden daher aus Konsistenzgründen ebenfalls auf dieses Jahr bezogen.

Um sicherzustellen, dass die erstellte multiregionale Input-Output-Tabelle für Österreich sowohl in sich selbst als auch mit der nationalen Input-Output-Tabelle der Statistik
Austria konsistent ist, wurden drei verschiedene Matrizenausgleichsverfahren (RAS, drei-
dimensionales RAS, SLQ) verwendet.

4.4 Satellitenkonten

Im Unterschied zu einer reinen Bestandaufnahme der österreichischen Gesundheitswirtschaft ermöglicht die Erstellung eines eigenen Satellitenkontos für den Bereich Gesundheit im Rahmen einer Input-Output-Analyse detaillierte Angaben über die Markt- und
Finanzierungsverflechtungen. Ist das Gesundheitssatellitenkonto in die Input-Output-,
Aufkommens- und Verwendungstabellen integriert, können aus diesen Tabellen die Verflechtungen des Gesundheitswesens mit sich selbst und mit der übrigen Wirtschaft detailliert abgelesen werden.

Damit soll sichergestellt werden, dass als Endresultat ein Gesundheitssatellit entsteht,
der als praktikables Instrument zur Berechnung von volkswirtschaftlichen Effekten im
Kernbereich oder erweiterten Gesundheitsbereich und ihren Teilmärkten herangezogen
werden kann. Die für den Gesundheitssatelliten notwendige Abgrenzung erfolgt nach einem Stufenmodell, welches auch im deutschen GSK Anwendung findet.

Das hier erarbeitete österreichische Gesundheitssatellitenkonto (ÖGSK) bildet ein zukunftssicheres und wissenschaftlich gut abgesichertes Modell, mit einer wissenschaftlich
sauberen und stichhaltigen Auswahl der gesundheitsrelevanten Bereiche und Anteile, sowie Ausweisung der dafür herangezogenen Quellen (siehe Tab. 5.4). Aufgrund der starken
intersektoralen Verflechtung der österreichischen Gesundheitswirtschaft mit der Gesamtwirtschaft ergeben sich ökonomische, soziale sowie ökologische Effekte. Diese wissenschaftliche Ausarbeitung lässt jedoch ausschließlich eine ökonomische Untersuchung zu.

Die durch die Nachfrage nach Gütern und Leistungen der Gesundheitswirtschaft generierten Beschäftigungs-, und Wachstumseffekte rücken in den Mittelpunkt der Analyse.
Gerade die Gesundheitswirtschaft ist stark vom Inputfaktor Arbeit geprägt und bedingt
einen hohen Personaleinsatz. Technologischer Fortschritt führt jedoch im Gegensatz zu
anderen Wirtschaftsbereichen vielfach nicht zu einer Reduktion des Arbeitsaufwandes
(siehe dazu Kap. 3)

Wie in Kap. 3 angeführt, sind neben dem technologischen Fortschritt, regulativen Ein-
griffen und institutionellen Vorgaben die Finanzierungsstruktur sowie demographische
Faktoren und ein Wertewandel von Versicherten bzw. Patienten wesentliche Einflussfaktoren auf Nachfrage und Angebot am Gesundheitsmarkt. Effekte durch regulative Eingriffe,
sowie institutionelle Vorgaben oder auch fiskalische Effekte werden nicht direkt in der
Analyse der Gesundheitswirtschaft anhand des GSK berücksichtigt. Fiskalische Effekte
können jedoch durch eine fiskalische Erweiterung des GSK indirekt ermittelt werden. Hingegen werden räumlich-induzierte Effekte mittels einer Regionalisierung des GSK abgebil-

det. Diese erlaubt Analysen der Wirkung und Verflechtung der Gesundheitswirtschaft mit der Gesamtwirtschaft in den neun österreichischen Bundesländern (siehe dazu Kap. 4.2).

4.5 Datenanforderungen

Für die gegenständliche Studie wurden disaggregierte Daten der Statistik Austria herangezogen. Im Zuge der „Operation 2007" wurde eine grundlegende Revision der wirtschaftsstatistischen Klassifikationen umgesetzt (NACE Rev. 2 – CPA 2008). Diese ist auf Basis einer Vorgabe der Vereinten Nationen und der Europäischen Union in ihrem Wirkungsbereich anzuwenden. Auf nationaler Ebene wurden somit die Klassifikation der Wirtschaftstätigkeiten bzw. der Güter durch die ÖNACE 2008 bzw. ÖCPA 2008 abgelöst.

So ergibt sich nach der CPA 2008 folgende hierarchische Struktur der Güterklassifizierung mit sechs Ebenen, die jeweils mit einem bestimmten Code identifiziert werden (Tab. 4.2):

Die herangezogenen Daten der Statistik Austria nach der Revisionsanpassung umfassen folgende Bereiche:

Nationale Daten:

- Publikation der Statistik Austria „Input-Output-Tabelle 2008"
- Sonderauswertungen der „internen Input-Output- Tabelle 2008" der Statistik Austria
- Außenhandelsstatistik der Statistik Austria

Regionale Daten:

- Publikation der Statistik Austria „Leistungs- und Strukturstatistik – Produktion 2008"
- Publikation der Statistik Austria „Leistungs- und Strukturstatistik – Dienstleistungen 2008"
- Regionale Gesamtrechnungen der Statistik Austria
- Güterverkehrsleistungen 2008, Statistik Austria

Tab. 4.2 CPA 2008 Güterklassifizierung. (Quelle: IHS HealthEcon und IHS Unternehmen, Branchen & Regionen 2013)

Ebene	CPA 2008	ΔCPA 2002	Benennung (Code)
1) Erste Ebene:	21	+4	Abschnitte (alphabetischer Code)
2) Zweite Ebene:	88	+26	Abteilungen (zweistelliger numerischer Code)
3) Dritte Ebene:	261	+38	Gruppen (dreistelliger numerischer Code)
4) Vierte Ebene:	575	+73	Klassen (vierstelliger numerischer Code)
5) Fünfte Ebene:	1342	+196	Kategorien (fünfstelliger numerischer Code)
6) Sechste Ebene:	3142	+534	Unterkategorien (sechsstelliger numerischer Code)

ΔCPA 2002 gibt die Veränderung der Anzahl an Gruppen in der jeweiligen Güterklassifizierung durch die CPA Revision 2008

- „Erwerbstätige Pendler nach Bundeländern", Statistik Austria
- Außenhandelsstatistik der Statistik Austria

Weitere herangezogene Daten aus dritten Quellen auf nationaler und regionaler Ebene sind wie folgt:
  Nationale Daten:

- Sonderauswertungen aus der Arbeitsmarktdatenbank
- Tabellen Industriellenvereinigung

Regionale Daten

- Sonderauswertungen des Hauptverbands der österreichischen Sozialversicherungsträger (regional)
- Sonderauswertungen aus der Arbeitsmarktdatenbank (regional)
- Außenhandelsstatistiken der Statistikämter von einzelnen Bundesländern
- Außenhandelsstatistiken von einzelnen regionalen Wirtschaftskammern
- Tabellen der Industriellenvereinigungen der einzelnen Bundesländer

Neben den Datenanforderungen zur Anwendung der Input-Output-Struktur auf das GSK kommen weitere Datenerhebungen und Quellensichtungen zur Anwendung. Speziell die Abgrenzung und Klassifizierung der Gesundheitswirtschaft erfordert eine stichhaltige Auswahl der gesundheitsrelevanten Bereiche und der auf Primär- und Sekundärquellen basierenden Anteile. Im Vergleich zum deutschen GSK stellt die Anwendung der Gesundheitskoeffizienten auf die aggregierten Güterdivisionen einen wesentlichen Unterschied und eine besondere Herausforderung dar. Im Gegensatz zu Deutschland liegen die zuvor beschriebenen Tabellen, die für das GSK benötigt werden, nur auf Zweisteller-Ebene (Abteilung) und teilweise auf einer internen Berechnungsebene („Zweieinhalb-Steller") der Statistik Austria vor. Tab. 5.4 (S. 78) zeigt die wichtigsten Sekundärquellen für gesundheitsrelevante Gütergruppen, die zur Berechnung der Gesundheitskoeffizienten und deren Anwendung auf die entsprechende Abteilung auf Zweisteller-Ebene herangezogen werden.[11]

4.6   Prognose

Eine Prognose für das gesamte Gesundheitssatellitenkonto zu erstellen bildet eine sehr komplexe Aufgabe. Für den Kernbereich der Gesundheitswirtschaft werden unter anderem Daten der Sozialversicherungsträger wie auch der Spitalsbetreiber herangezogen

---

[11] Wenn nicht anders angegeben, bilden Gesundheitskoeffizienten güterbezogene nachfrageseitige Koeffizienten. Für einzelne Gütergruppen ergeben sich Abweichungen in den Koeffizienten in Bezug auf Konsumausgaben, Ausrüstungsinvestitionen, Bauinvestitionen, (Input-)Vorratsveränderungen, (Output-)Vorratsveränderungen, Importe, Exporte, intermediäre Verwendung und Subventionen.

(Gebarungsvorschauen). Für den erweiterten Bereich gestaltet sich die Prognose sehr vielschichtig, da für ein breites Spektrum an Gütern und Dienstleistungen Datenerhebungen von Nöten sind. Aufgrund der Tatsache, dass hier eine kurzfristige Prognose bis zum Jahr 2015 vorgenommen wird, sind Entwicklungen, die für langfristige Vorhersagen von Bedeutung sind, nicht integriert. So fließen demographische oder strukturelle Veränderungen nicht direkt mit ein, sondern indirekt.[12] Im Modell finden gesamtwirtschaftliche Entwicklungen Berücksichtigung, welche über Einfluss und Veränderung des BIP im Zusammenhang mit den jeweiligen gesundheitsrelevanten Gütern und Leistungen widergegeben werden. Da das Basisjahr des vorliegenden Gesundheitssatellitenkontos das Jahr 2008 ist, liegen für den Prognosezeitraum bis 2015 unterschiedlich historische Daten bis teilweise zum Jahr 2012 vor, welche den oben genannten Quellen bzw. Sekundärliteratur entnommen wurden.

Das Vorgehen bei der Erstellung der Prognose fußt darauf, die Entwicklung der jeweiligen Gütergruppe und die Entwicklung des Gesundheitsanteils zu ermitteln.[13] Zusätzlich wurden je nach Datenverfügbarkeit auch Änderungen in den Gesundheitskoeffizienten über die Zeit berücksichtigt. Dadurch wird eine getrennte Fortschreibung der Wachstumsraten des Gesamtsektors und des EGW-Anteils ermöglicht.

4.7 Methodik des deutschen GSK

Das deutsche GSK nimmt eine Vorreiterrolle in der Ermittlung der volkswirtschaftlichen Verflechtung des Gesundheitssektors mit einer Abbildung der Gesundheitswirtschaft in VGR-Kategorien ein. Für eine weitreichende internationale Vergleichbarkeit und Kompatibilität werden Struktur und Methodik des österreichischen GSK weitest möglich an jene des deutschen GSK angepasst. Nachfolgend soll daher der Aufbau des deutschen GSK erläutert werden. Aufgrund von Unterschieden in der Datenverfügbarkeit (siehe Kap. 4.5 Datenanforderungen), zusätzlichen Rechenwerken wie etwa der Gesundheitspersonalrechnung (GPR) und der Krankheitskostenrechnung (KKR) in Deutschland,[14] sowie nationalen Standards ergeben sich Abweichungen zum österreichischen GSK. Zusätzlich wurden Erfahrungen und neue Erkenntnisse genutzt, um eine noch gegenständlichere Abbildung

---

[12] Implizit sind demographische und strukturelle Veränderungen durch die Fortschreibung von Wachstumsraten welche diese Größen indirekt mit abbilden, zu einem geringen Teil enthalten.

[13] Nicht für alle Bereiche war eine derartig detaillierte Aufarbeitung möglich – also eine getrennte Ausweisung von Gesamtsektor und dem entsprechenden gesundheitsrelevanten Teil. Hier musste vom Gesamtsektor aufgrund der bestehenden Datenlage auf die Entwicklungen des Gesundheitsanteils rückgeschlossen werden (oder umgekehrt). In diesem Falle wird also angenommen, dass sich der gesundheitsrelevante Anteil eines Sektors gleichmäßig mit dem Gesamtsektor mitentwickelt. Ein Beispiel hierfür sind Produkte der Hygiene und Körperpflege bzw. Seifen, Wasch- und Reinigungsmittel. Dabei liegt die Annahme zu Grunde, dass die Verteilung zwischen NGW- und KGW- bzw. EGW-Anteil über die Zeit konstant bleibt.

[14] Datenmaterial mit vergleichbarer Detailtiefe existiert in Österreich nicht.

der Gesundheitswirtschaft zu ermöglichen. Das hier erarbeitete österreichische GSK stellt ein zukunftssicheres und wissenschaftlich gut abgesichertes Modell dar, mit einer wissenschaftlich sauberen und stichhaltigen Auswahl der gesundheitsrelevanten Bereiche und Anteile. Zum Zwecke einer eindeutigen Nachvollziehbarkeit wurden alle durchgeführten Schritte dokumentiert und die dafür benötigten Quellen ausgewiesen (siehe etwa Tab. 5.4, S. 78). Auf Divergenzen bzw. unterschiedliche Auffassungen zur Aufnahme von Güter- und Wirtschaftsgruppen zum deutschen GSK wird in Kap. 5.5 genauer eingegangen.

4.7.1   Abgrenzungen und Definitionen

Die Abgrenzungen und Definitionen des deutschen GSK basieren wesentlich auf den Standards der Gesundheitsausgabenrechnung GAR bzw. System of Health Accounts (SHA). Nachfolgend soll aufgrund einer Kompatibilität und Vergleichbarkeit für das ÖGSK die Eingrenzung, die Güterdefinition und die Koeffizienten der Gesundheitswirtschaft im deutschen GSK kurz beschrieben werden.

4.7.1.1   Eingrenzung der Gesundheitswirtschaft

Ausgangspunkt für die Eingrenzung des deutschen Gesundheitssatellitenkontos (GSK) stellt eine übliche Klassifikation nach Art der Finanzierung dar. Diese gliedert sich in zwei Märkte. Der erste Gesundheitsmarkt umfasst dabei gemeinhin den Konsum von Gütern und Leistungen, welche durch eine Krankenversicherung gedeckt oder durch staatliche Mittel finanziert werden. Der zweite Gesundheitsmarkt hingegen wird als privater Individualkonsum von gesundheitsbezogenen Gütern und Dienstleistungen abgegrenzt. Dieser Definition setzen die Autoren eine zweite Dimension nach Gütern hinzu. Der Kernbereich Gesundheitswirtschaft (KGW) setzt sich aus jenen Gütern und Dienstleistungen zusammen, die in der deutschen Gesundheitsausgabenrechnung (GAR)[15] als laufende Ausgaben ausgewiesen werden. Die erweiterte Gesundheitswirtschaft (EGW) geht über den KGW hinaus. Erfasst werden einerseits Ausgaben für gesundheitsrelevante Sozialleistungen, gesundheitsrelevante Ausbildung, Investitionen, Forschung und Entwicklung, sowie andererseits gesundheitsrelevante Güter und Leistungen des zweiten Markts. Grundlage für die Klassifikation als „gesundheitsrelevantes Gut" ist hierbei die „subjektive Einschätzung des Konsumenten". Wenn also beispielsweise davon ausgegangen wird, dass beim Konsum von biologischen Lebensmitteln Gesundheit als Kaufmotiv dient, so werden die Ausgaben der EGW in einem bestimmten Ausmaß zugerechnet.

4.7.1.2   Güterdefinitionen

Auf Basis der zuvor erfolgten Eingrenzung der Gesundheitswirtschaft erfolgt nun eine Definition der gesundheitsrelevanten Güter. Als Grundlage dient hierfür das Systemati-

---

[15] Die deutsche Gesundheitsausgabenrechnung ist ein mit dem System of Health Accounts (SHA) kompatibles Rechenwerk des deutschen Statistischen Bundesamtes. Vgl. BMWi (2009, S. 23 ff.).

sche Güterverzeichnis der Input-Output-Rechnung (SIO)[16] auf 8-stelliger Ebene. Diese Systematik umfasst 3118 Gütergruppen, welche nun den Gruppen KGW, EGW und Nicht-Gesundheitswirtschaft (NGW) zugewiesen werden. Insgesamt werden 524 Güter als gesundheitsrelevant eingestuft, wobei 89 auf den KGW und 470 auf die EGW entfallen. 36 Güter fallen sowohl in KGW als auch EGW. Eine genaue Auflistung der Güter wird leider nicht gegeben. Eine gekürzte Liste, in der etwas mehr als 100 Güter(aggregate) ausgewiesen sind, findet sich im Anhang 3 der Langfassung des Berichts zum deutschen GSK (BMWi 2009, S. 177 ff.). Nicht ausgewiesen werden Güter betreffend den Gesundheitstourismus, Functional Food, Functional Clothing, Sportartikel, Naturkosmetik und Presse.

4.7.1.3   Gesundheitskoeffizienten

Da der KGW per definitionem den laufenden Gesundheitsausgaben der GAR entspricht, werden die einzelnen Posten in der GAR nun den Gütern der KGW zugewiesen. Das Ausmaß der EGW wird über eigens ermittelte Gesundheitskoeffizienten determiniert. Auf Basis von Studien, Expertenbefragungen und Abschätzung der Autoren wird für jede Gütergruppe der EGW abgeschätzt, welcher Anteil der letzten Verwendung gesundheitsrelevant ist (BMWi 2009, S. 112). Eine Rechtfertigung der verwendeten Gesundheitskoeffizienten findet sich im Anhang 4 des deutschen GSK (BMWi 2009, S. 180 ff.) und eine detaillierte Auflistung der Datenquellen findet sich in Anhang 5 (BMWi 2009, S. 183 f.).

Die Definition der Gesundheitskoeffizienten lässt sich grob in vier Kategorien einteilen. Die erste Gruppe umfasst Koeffizienten, die nach dem Marktvolumen berechnet werden. Hier wird das Marktvolumen des als gesundheitsrelevant definierten Guts erfasst und in Relation zum Gesamtmarktvolumen der Übergruppe ausgedrückt. So wird der Gesundheitskoeffizient für die Kategorie „gesundheitsrelevante Presse und Bücher" als Anteil von deren Marktvolumen am Gesamtmarktvolumen von Presse und Bücher definiert. Dies betrifft Lebensmittel, Functional Clothing, Presse und Bücher, teilweise gesundheitsrelevante Hygieneprodukte, Fitness und Wellness- und Gesundheitstourismus.

Die zweite Gruppe von Koeffizienten wird direkt aus den jeweiligen Quellen übernommen. Am Beispiel der Gruppe TV und Radio bedeutet dies, dass 1,7 % der Nachrichtensendungen thematisch der Gesundheit zugerechnet werden und daher den Koeffizient 1,7 % beträgt. Diese Gruppe beinhaltet vor allem Dienstleistungen und umfasst etwa Forschung und Entwicklung, Hochschulen, Erwachsenenbildung oder TV und Radio. Als Quellen dienen den Autoren vor allem Erhebungen des Statistischen Bundesamtes. Da sich das relative Marktvolumen oder der gesundheitsrelevante Anteil zwischen Deutschland und Österreich unterscheidet, werden Österreich-spezifische Quellen gesichtet und eigene Gesundheitskoeffizienten ermittelt (siehe Tab. 5.4, S. 78).

---

[16] Das Systematische Güterverzeichnis der Input-Output-Rechnung ist ein Gütersystem, welches mit der internationalen Classification of Products by Activity kompatibel ist, und eine feinere Gliederung dessen darstellt. Vgl. Statistisches Bundesamt (2003, S. 17).

Eine kleine dritte Gruppe umfasst jene Koeffizienten, die aufgrund fehlender Daten von den Autoren des deutschen GSK selbst abgeschätzt wurden. Diese Gruppe umfasst gesundheitlich relevante Waren/Materialien/Geräte und Administration der Unfallversicherung.

Schließlich umfasst eine vierte Gruppe jene Güter, die aufgrund eines Abgleichs der Daten der Input-Output Rechnung des statistischen Bundesamtes mit der GAR dem KGW oder EGW zugewiesen werden müssen. Dies betrifft etwa die Koeffizienten zu pharmazeutischen Erzeugnissen und gesundheitsbedingten Taxifahrten. Die Koeffizienten dieser Gruppen ergeben sich aus der speziellen Datenlage des deutschen GSK und sind damit nicht auf Österreich übertragbar.

Außerdem werden einzelne Koeffizienten weiter durch Informationen aus der Markterhebung „Typologie der Wünsche" ergänzt. So wird der Koeffizient für Fitness um 50 % verringert, da laut „Typologie der Wünsche" nur 61,6 % der Sporttreibenden „Gesundheit" als Motiv für Sport nennen. Im deutschen GSK wird dieser Wert konservativ auf 50 % vermindert, so dass 50 % des errechneten sportrelevanten Marktvolumens dort Berücksichtigung finden (BMWi 2009, S. 181). Für Österreich ergibt sich nach einer hierzulande belangvollen Quelle (Pratscher 2000) ein entsprechender Koeffizient von 49 %. Damit verdeutlicht sich in gewisser Weise die kulturelle Nähe von Deutschland und Österreich, wodurch in manchen Fällen eine Affinität von Motiven (Koeffizienten) zwischen dem österreichischen und dem deutschen GSK möglich ist.

4.7.2 Berechnung

Als Datengrundlage für die Berechnung des GSK dienen vor allem Tabellen und Daten des Statistischen Bundesamtes Deutschlands. Kapitel 5 im Bericht des BMWi (2009, S. 113 ff.) gibt einen Überblick, welche Daten verwendet wurden. Die zentralen Daten sind:

- Gütermatrix (3118 Güter × 120 Produktionsbereiche)
- Produktionswertmatrix (3118 Güter × 221 Wirtschaftsbereiche)
- Importvektor (entstehungsseitig, 3118 Güter)
- Gütersteuern und Subventionen (teilweise entstehungsseitig nach 3118 Gütern)
- Input-Output-Tabelle (71 Güter × 71 Produktionsbereiche)
- Aggregierte Gütermatrix (71 Güter × 71 Produktionsbereiche)
- Gesundheitspersonalrechnung des Statistischen Bundesamtes
- Kostenstrukturstatistiken des Statistischen Bundesamtes zur Aufstellung der Vorleistungsstrukturen des Gesundheitssektors

Nicht durchgeführt wurde eine detaillierte Investitionsrechnung für die Gesundheitswirtschaft. Stattdessen wurden für die Abschreibungen die Werte aus der VGR übernommen.

Nachfolgend wird die Berechnung der einzelnen Tabellen (Aufkommens-, Verwendungs- und Input-Ouput-Tabelle) beschrieben, wobei anzumerken ist, dass diese nicht publiziert sind.

4.7.2.1 Berechnung der Aufkommenstabelle

Zunächst wird die Aufkommenstabelle zu Herstellerpreisen berechnet. Basis bildet die Produktionswerttabelle zu Herstellerpreisen[17] des Statistischen Bundesamtes. Diese gibt an, welche Güter in welchem Wirtschaftsbereich produziert werden und umfasst 3 118 Güter nach 221 Wirtschaftsbereichen. Da die Handelsleistungen durch das Statistische Bundesamt nicht auf Ebene der 8-stelligen SIO sondern auf Ebene der CPA71 abgestimmt werden, wird der Produktionswert einer Handelsleistung angepasst. Der angepasste Produktionswert ist dabei der Anteil eines Gutes an der Gesamtproduktion der Gütergruppe multipliziert mit der Gesamtverwendung.

Danach werden die Güter nach den zuvor berechneten Gesundheitskoeffizienten in die Bereiche KGW und EGW aufgeteilt. Dabei werden die Strukturen angepasst, wenn Informationen vorliegen, dass der gesundheitsrelevante Teil andere Produktionsstrukturen aufweist als der nicht-gesundheitsrelevante Teil. Ansonsten wird mit den Produktionsstrukturen des Statistischen Bundesamtes gerechnet.

Die Zuweisung von Handelsleistungen zu den Gütern erfolgt über die Daten des Statistischen Bundesamtes. Da diese nur auf Ebene der SIO 3-Steller verfügbar sind, werden die Handelsspannen proportional auf die relevanten Güter aufgeteilt. Da die Gütersteuern nur auf Ebene der CPA71 vorliegen, werden die Gütersteuern ebenfalls proportional auf die in den aggregierten Gütergruppen enthaltenen Güter aufgeteilt. So erfolgt der Übergang von Hersteller- zu Anschaffungspreisen.

Nachdem nun das Aufkommen der gesundheitsrelevanten Güter berechnet wurde, werden diese auf die Ebene von 71 Gütern und 71 Wirtschaftsbereichen aggregiert. Diese gesundheitsrelevante Aufkommenstabelle wird von der originären Aufkommenstabelle des Statistischen Bundesamtes abgezogen um eine Aufkommenstabelle der nicht-gesundheitsrelevanten Güter zu erhalten. Schließlich werden die gesundheitsrelevanten Güter auf 12 Güter und 12 Wirtschaftsbereiche aggregiert und an die Aufkommenstabelle der nicht-gesundheitsrelevanten 71 × 71 Aufkommenstabelle, eine Tabelle mit 71 × 71 Wirtschaftssektoren, angehängt. Zur Publikation werden noch die nicht-gesundheitsrelevanten Güter auf eine 12 × 12 Tabelle aggregiert.

4.7.2.2 Berechnung von asymmetrischer Input-Output-Tabelle und Importmatrix

Als Grundlage für die Input-Output-Tabelle dient die Gütermatrix des Statistischen Bundesamtes. Diese bildet ab, in welchem Ausmaß zu Herstellerpreisen welche Güter konsumiert beziehungsweise als intermediäre Güter in der Produktion verwendet werden. Die Gütermatrix beschreibt damit die Vorleistungsstrukturen in der Wirtschaft und umfasst

---

[17] Herstellerpreis = Anschaffungspreis ohne Transportkosten, Handelsspannen, indirekte Steuern und Subventionen. Vgl. Holub und Schnabl (1985, S. 88).

3118 Güter und 120 Produktionsbereiche. Die zuvor ermittelten Anteile der einzelnen Güter an KGW, EGW und NG werden auf die Gütermatrix angewandt. Ein einzelnes Gut kann daher in bis zu drei Kategorien aufgeteilt werden. Da das Statistische Bundesamt bei der Aggregation der gesamtwirtschaftlichen Input-Output-Tabelle gewisse Korrekturen durchführt, wird die so gewonnene Gütermatrix nicht direkt zu einer Gesundheits-Input-Output-Tabelle (HIOT) aggregiert. Um Konsistenz mit den Berechnungen des Statistischen Bundesamtes zu wahren, wird zunächst eine Input-Output-Tabelle der gesundheits-relevanten Güter aggregiert. Diese Tabelle wird von der originären Input-Output-Tabelle von 71 Gütergruppen und 71 Produktionsbereichen des Statistischen Bundesamtes abge-zogen. Schließlich werden noch 142 gesundheitsbezogenen Gütergruppen an die Tabelle angehängt, wobei eine genaue Definition dieser Gruppen leider nicht gegeben wird. Die damit entstehende asymmetrische HIOT zu Herstellungspreisen hat 213 Zeilen (Güter) und 71 Spalten (Produktionsbereiche).

Die Erstellung der Importmatrix geschieht analog zur HIOT. Die Datengrundlage bil-det der Importvektor des Statistischen Bundesamtes über wiederum 3118 Güter und 120 Produktionsbereiche. Ergebnis ist eine gesundheitsrelevante Importmatrix zu cif-Preisen über 213 Güter und 71 Produktionsbereiche.

4.7.2.3   Symmetrierung von HIOT und Importmatrix sowie Vorleistungsanpassung

Die 71 Produktionsbereiche der asymmetrischen Gesundheits-Input-Output-Tabelle (HIOT) werden zunächst auf 213 Produktionsbereiche aufgeteilt. Hierzu wird das Auf-kommen der Güter mit der Verwendung der Güter gleich gesetzt. Das Aufkommen wird also transponiert und als Verwendung eingesetzt. Die Importe werden aus der Importma-trix in die HIOT übertragen. Danach werden die Inputstrukturen der Produktionsbereiche für ausgewählte Zeilen, für die Informationen vorliegen, angepasst. Insgesamt werden 162 Zeilen bei 22 Spalten angepasst. Die Aufteilung der importierten Vorleistungen funktio-niert analog.

Schließlich werden die 213 Güter und Produktionsbereiche auf 71 nicht-gesundheits-bezogene und 12 gesundheitsbezogene Güter und Produktionsbereiche aggregiert.

Die HIOT der inländischen Produktion wird danach durch Abzug einer aggregierten gesundheitsbezogenen 85×85 Importmatrix von der gesamten 85×85 HIOT berechnet.

4.7.2.4   Berechnung der Verwendungstabelle

Die Verwendungstabelle ergibt sich aus Multiplikation des ersten und zweiten Quadranten der HIOT mit der Aufkommenstabelle. Die resultierende Verwendungstabelle ist zu Her-stellerpreisen. Eine Tabelle zu Anschaffungspreisen wurde nicht berechnet, da das Statis-tische Bundesamt die Gütersteuern nicht zur Verfügung stellen konnte.

4.7.2.5   Ermittlung der Erwerbstätigen

Der bemerkenswerteste Punkt ist hier die Aufgliederung der Erwerbstätigen in die vier Teilbereiche „Stationäre Einrichtungen", „Nicht-stationäre Einrichtungen", „Erweiterte

Gesundheitswirtschaft" und „Nicht-Gesundheit". Dies geschieht auf Basis der GPR, sowie der Informationen aus den Kostenstrukturstatistiken. Ansonsten werden die Beschäftigten eines Sektors proportional nach Bruttowertschöpfung in die (nicht-)gesundheitsrelevanten Sektoren aufgeteilt.

Literatur

Bundesministerium für Wirtschaft und Technologie Deutschland (BMWi). (2009). Erstellung eines Satellitenkontos für die Gesundheitswirtschaft in Deutschland. Abschlussbericht 30. November 2009. Berlin.

Felderer, B., Kleissner, A., Moser, B., Schnabl, A., Dimitrov, D., & Weissteiner, T. (2006b). Ökonomische Bedeutung des Sports in Österreich. Studie im Auftrag des Jubiläumsfonds der Oesterreichischen Nationalbank. Institut für Höhere Studien. SportsEconAustria, Wien.

Holub, H.-W., & Schnabl, H. (1985). *Input-Output-Rechnung: Input-Output-Tabellen. Eine Einführung* (2 Aufl. aktualisierte). München: R. Oldenbourg Verlag.

Kleissner, A. (2005). Regionalisierung von Input-Output-Tabellen und Erstellung einer multiregionalen IOT für Österreich. Dissertation. Karl-Franzens-Universität Graz.

Leontief, W. (1936). Quantitative input and output relations in the economic system of the United States. *The Reviews of Economic Statistics 18, 3*(1936), 105–125.

Pischner, R., & Stäglin, R. (1976). Darstellung des um den Keynes'schen Multiplikator erweiterten offenen statistischen Input-Output-Modells. MittAB, Sonderdruck 9. Jg.: Stuttgart.

Pratscher, H. (2000). Sportverhalten in Österreich. *Journal für Ernährungsmedizin, 2*(5), 18–23.

Richardson, H. W. (1979). *Regional and urban economics*. Pitman. London.

Schnabl, A., Czypionka, T., Dippenaar, S., Müllbacher, S., Röhrling, G., Skrivanek, I., & Weberberger, I. (2009). *Wertschöpfungseffekte des Wirtschaftssektors Gesundheit*. Wien: IHS.

Statistik Austria. (2012b). *Klassifikationsdatenbank*. Wien: Statistik Austria.

Statistisches Bundesamt. (2003). Volkswirtschaftliche Gesamtrechnungen. Methoden der Preis- und Volumensmessung. Fachserie 18/Reihe S. 24. Wiesbaden.

Abgrenzung und Klassifizierung der Gesundheitswirtschaft

5

Für die Schaffung eines Gesundheitssatelliten ist eine gegenständliche Abgrenzung notwendig. Eine erste Bestimmung der Gesundheitswirtschaft soll in Anlehnung an das Stufenmodell, welches auch im deutschen GSK Anwendung findet (BMWi 2012a), erfolgen. Dabei wird auf eine möglichst weitreichende Kompatibilität geachtet, um einen internationalen Konsens, sowie eine internationale Vergleichbarkeit des GSK zu erzielen.

5.1 Modell zur Verortung der Gesundheitswirtschaft

Die Gesundheitswirtschaft lässt sich anhand verschiedener Begriffe abgrenzen. So werden im Forschungsprojekt des BMWi (2009, S. 103) als Beispiel der objektive Gesundheitsnutzen, die Gesundheitsrelevanz von Leistungen, die Zahlungsbereitschaft (entspricht dem subjektivem Gesundheitsnutzen bzw. der Kaufabsicht) oder eine produkt- und unternehmensbezogene Abgrenzung angeführt.

Eine Abgrenzung der Gesundheitswirtschaft für das ÖGSK wird über konsumierte Güter und Dienstleistungen vorgenommen. Der gesundheitsrelevante Konsum als Ausgaben auf der Verwendungsseite, führt zu Umsätzen bei Produzenten und Dienstleistern auf der Entstehungsseite, welche somit der Gesundheitswirtschaft zuzuordnen sind. Medizinische Güter und Leistungen gehören zum (Kern-)Bereich Gesundheitswirtschaft. Alle konsumierten Güter und Dienstleistungen die einen subjektiven (entspricht der Kaufabsicht) Gesundheitsnutzen stiften – somit einen verwendungsseitigen gesundheitsrelevanten Konsum darstellen – werden als gesundheitsrelevant eingestuft (zur güterbezogenen Unterscheidung siehe Kap. 5.2.1). Dabei beschränkt sich die Konsumnachfrage nach in Österreich produzierten gesundheitsrelevanten Gütern und Leistungen nicht nur auf das Inland. Auch der Export gesundheitsrelevanten Güter und Leistungen geht aufgrund dieser Herangehensweise in das ÖGSK mit ein. Der Import gesundheitsrelevanter Leistungen

T. Czypionka et al., *Gesundheitswirtschaft Österreich*,
DOI 10.1007/978-3-658-08772-2_5

und Güter zur Bedienung der Endnachfrage, sowie der Import von Intermediär-Gütern für alle gesundheitsrelevanten Wirtschaftsbereiche ist nicht Teil der Leistung der Österreichischen Gesundheitswirtschaft und wird daher nicht im ÖGSK berücksichtigt.

Die hier vorgestellte Klassifizierung des Gesundheit-Satellitenkontos in einen Kernbereich Gesundheitswirtschaft (KGW) und in eine erweiterte Gesundheitswirtschaft (EGW) folgt einer Abgrenzung nach Gütern und deren gesundheitlicher Relevanz und nicht einer finanzierungsseitigen Untergliederung. Wie hoch der öffentliche oder private Finanzierungsanteil der Güter ist, wird erst in einem zweiten Schritt durch die Unterscheidung in einen ersten Gesundheitsmarkt (1. GM) und zweiten Gesundheitsmarkt (2. GM) berücksichtigt (siehe Kap. 5.2.2).

Nachfolgende Abb. 5.1 liefert eine Annäherung zur Verortung der Gesundheitswirtschaft. So lassen sich Güter und Dienstleistungen in die drei Bereiche Nicht-Gesundheitswirtschaft (NGW), Kernbereich der Gesundheitswirtschaft (KGW) und erweiterte Gesundheitswirtschaft (EGW) untergliedern. Durch Vorleistungen bei der Produktion gibt es eine Verflechtung von Gütern und Dienstleistungen miteinander. Weiters beinhaltet ein Gesundheitssystem auch Einkommensleistungen, immaterielle Leistungen und Leistungen anderer Politikfelder (Health in All Policies).

Die Gesundheitswirtschaft des GSK wird durch die zwei Aggregationsgruppen Kernbereich der Gesundheitswirtschaft (KGW) und erweiterte Gesundheitswirtschaft (EGW) gebildet (zur Beschreibung der Aggregationsgruppen siehe Kap. 5.3 und 5.4). Die Vorleis-

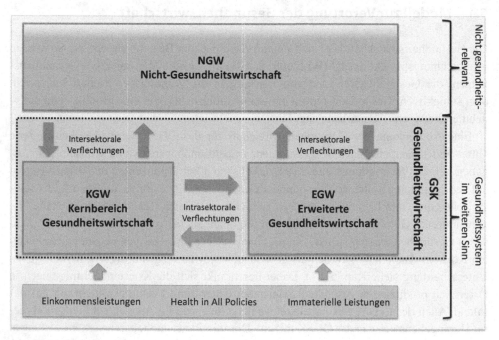

Abb. 5.1 Modell zur Verortung der Gesundheitswirtschaft. (Quelle: IHS HealthEcon und IHS Unternehmen, Branchen & Regionen (2013))

tungsstruktur der Gesundheitsbereiche untereinander (intrasektorale Verflechtung), sowie die Vorleistung der Gesundheitsbereiche mit nicht-gesundheitsspezifischen Leistungen (intersektoral), wird durch die Verwendungstabelle im Rahmen der Input-Output Analyse wiedergegeben und ist ebenfalls Teil der Gesundheitswirtschaft des GSK.

Im österreichischen Gesundheitssatellitenkonto (ÖGSK) bleiben, so wie im deutschen Gesundheitssatellitenkonto, Einkommensleistungen bzw. Transferzahlungen, Health in All Policies (Gesundheit in allen Politikfeldern) und immaterielle Gesundheitsleistungen unberücksichtigt. Zu den ausgenommenen Einkommensleistungen zählen etwa Lohn-fortzahlungen. Im ÖGSK werden somit auch private Versicherungsleistungen in Form von monetären Transferleistungen wie das Spitalgeld (das 9,6 % der privaten Kranken-versicherungsleistungen im Jahr 2008 ausmachte) nicht berücksichtig (VVO 2011). Zu den vom ÖGSK ausgenommenen immateriellen Gesundheitsleistungen gehören etwa Qualität, Anbindung, Hygienebedingungen, oder auch Transparenz und Zugang im Ge-sundheitswesen. Zur extrinsischen Gesundheitswirtschaft gehören etwa auch die Fakto-ren Umwelt oder Lebensstandard, welche ebenfalls ausgenommen sind. Im Unterschied zu Hygienebedingungen finden Hygienegüter in Form von Produkten zur Körperpflege als materielle Güter (intrinsische Faktoren der Gesundheitswirtschaft) Berücksichtigung. Weiters werden Bereiche wie die Wasserversorgung nicht einbezogen, da dies als Basis-versorgung bzw. autonomer Konsum angesehen wird, und ein zu abstraktes und diffiziles Verständnis der Gesundheitswirtschaft zugrunde legen würde. Im 19. Jahrhundert hatte die Wasser- und Abwasserversorgung maßgeblichen Anteil am Anstieg der Gesundheit in der Bevölkerung und wurde als stark gesundheitsrelevant wahrgenommen. Heute ist in entwickelten Ländern die Wasser- und Abwasserversorgung eine selbstverständliche Leistung, der von den Konsumenten keine direkte Gesundheitsrelevanz beim Konsum mehr beigemessen wird.

5.2   Abgrenzung des GSK

Die grundsätzliche Abgrenzung der Gesundheitswirtschaft für das ÖGSK erfolgt nach Güterkriterien und einer damit zusammenhängenden Bestimmung der jeweiligen Gesund-heitsrelevanz.

Es scheint zweckmäßig im weiteren Verlauf dieser Ausarbeitung zwischen Gesund-heitskoeffizienten und Gesundheitsanteilen begriffsdefinitorisch zu unterschieden:

- Gesundheitskoeffizient bezieht sich auf den gesundheitsrelevanten Anteil eines be-stimmten Gutes oder einer bestimmten Leistung.
- Gesundheitsanteil gibt den finalen gesundheitsrelevanten Anteil einer spezifischen Gü-tergruppe an. Dieser ergibt sich aus der Kombination des Gesundheitskoeffizienten und jenem Anteil, der von der übergeordneten CPA-Gruppe auf dieses spezifische Gut bzw. Güter entfällt.

5.2.1   Güterbezogene Abgrenzung

Der primären Untergliederung des GSK folgt eine nachfrageseitige, güterbezogene Unterscheidung.[1] Nach einem herkömmlichen Verständnis des Gesundheitsmarktes werden alle im Gesundheitswesen zur Anwendung kommenden Güter und Leistungen, etwa ärztliche Dienstleistungen, Arzneimittel oder Diagnosegeräte dem Gesundheitsmarkt zugeschrieben.[2] Wie in Kap. 3 angeführt, entwickelt sich das Verständnis zum Thema Gesundheit zu einem immer weiter gefassten Begriff – Stichwort: *Health in all policies*. Somit gehören auch gesundheitsfördernde Güter und Leistungen zum Gesundheitsmarkt, die außerhalb der Institutionen des Gesundheitswesens konsumiert werden. Zu diesen zählen etwa Bio-Lebensmittel, gesundheitsrelevanter Tourismus bzw. Wellness, oder Aufarbeitungen zum Thema Gesundheit in Medien (TV, Radio, Printmedien). Somit ergibt sich folgende güterbezogene Unterscheidung:

- **Kernbereich Gesundheitswirtschaft (KGW):** Umfasst Güter und Leistungen des Gesundheitswesens nach der Statistik der Gesundheitsausgaben gemäß dem System of Health Accounts. Dazu zählen beispielsweise stationäre bzw. ambulante Leistungen oder pharmazeutische Erzeugnisse und deren Vertrieb (siehe Kap. 5.3).
- **Erweiterte Gesundheitswirtschaft (EGW):** Entspricht gesundheitsrelevanten Gütern und Leistungen, die einer subjektiv gesundheitsbezogenen Kaufentscheidung unterliegen, die nicht mit den Institutionen des Gesundheitswesens gemäß dem System of Health Accounts in Verbindung gebracht werden und entsprechen somit nicht im KGW enthaltenen gesundheitsrelevanten Produkten und Dienstleistungen (siehe Kap. 5.4).

Die primäre Intention einer Klassifizierung zu subjektiven Kaufentscheidungen ergibt sich aus der Datenverfügbarkeit und aus Erhebungsgründen.[3] Durch Marktforschung bzw. Umfragen lässt sich das subjektive Empfinden einer gesundheitsbezogenen Wirkung als Basis für die Kaufentscheidung eines Gutes am österreichischen Markt erheben. Somit wird durch diese Definition der erweiterten Gesundheitswirtschaft nicht die tatsächliche gesundheitsbezogene Wirkung bei der Zuordnung der Gütergruppen abgebildet, sondern nur die durch den Konsumenten subjektiv beigemessene Gesundheitsrelevanz. Es liegen bei weitem nicht genug stichhaltige Daten über die wissenschaftliche Wirkung der für die EGW in Frage kommenden Güter vor. Über das SHA kann zwar eine Abgrenzung und Identifikation der Güter und Leistungen für den KGW vorgenommen werden. Die Input-Orientierung anhand

---

[1] Eine sekundäre Untergliederung ergibt sich durch die Güteraggregationsgruppen G1-G12 (siehe dazu Tab. 5.3 und Tab. 5.5).

[2] Im deutschen GSK erfolgt die Abgrenzung dieser Güter nach der Gesundheitsausgabenrechnung (GAR) (siehe Kapitel 5.7). Auch wenn die Statistik der Gesundheitsausgaben in Österreich nach dem System of Health Accounts nicht so detailliert ist wie die deutsche GAR, so dient erstere als Orientierung bei der Abgrenzung der Güter des Kernbereichs Gesundheitswirtschaft.

[3] Darüber hinaus liegt eine internationale Vergleichbarkeit bzw. eine internationale Konsensfindung in dieser Definitionsfassung begründet. Die Rahmenbestimmungen des österreichischen GSK sind an jene des deutschen GSK angelehnt.

der Gesundheitsausgaben gemäß dem System of Health Accounts (SHA) liefert jedoch nur die getätigten Aufwendungen ohne Feststellung der tatsächlichen Output-Wirkung auf die Gesundheit. Eine ineffiziente Ressourcenverteilung wird damit nicht offengelegt.[4]

Weiters ergeben sich aufgrund der medizintechnologischen Abgrenzung des SHA einige Güter und Leistungen, die sich in einem Graubereich bewegen. So ist die Schönheitschirurgie strenggenommen nicht gesundheitsrelevant. Weitere Grenzfälle sind etwa Haushaltshilfen, Sonnenbrillen oder Kondome. Die Ausweisung von Wirtschaftssektoren mit Vorleistungsfunktion für den Kernbereich Gesundheitswirtschaft (etwa die pharmazeutische Industrie, die medizintechnische Industrie oder Versicherungsdienstleister) als eigene Güteraggregationsgruppen richtet sich nach dem System of Health Accounts (SHA) (siehe Kap. 5.3.1). Sozialleistungen, wie etwa Erziehungs- und Jugendwohnheime, Beratungsstellen, Tagesstätten, oder Einrichtungen zur Betreuung von Kindern und Jugendlichen werden – mit Ausnahme von Pflegeeinrichtungen bzw. Einrichtungen für Menschen mit Behinderung – nicht berücksichtigt.

5.2.2 Finanzierungsseitige Abgrenzung

Neben einer güterbezogenen Unterscheidung kann die Gesundheitswirtschaft auch finanzierungsseitig abgegrenzt werden. Dabei orientiert sich diese finanzierungsseitige Unterscheidung an der Einteilung des *System of Health Accounts (SHA)* gemäß der *Classification of Health Care Financing – ICHA-HF* in einen Sektor Staat (ICHA-HF.1) und einen Sektor Privat (ICHA-HF.2) (siehe Abb. 5.3, S. 71).[5] Primär wird bei der Unterscheidung der beiden Märkte von den Konsumausgaben privater Haushalte und privater Organisationen ohne Erwerbszweck (POE), sowie Konsumausgaben des Staates im Rahmen der Input-Output-Rechnung ausgegangen (siehe Abb. 5.2, S. 65)

- Erster Gesundheitsmarkt (GM_1): Güter und Leistungen, die im Rahmen des bestehenden Finanzierungssystems über Pflichtversicherungen bzw. Sozialversicherungen (ICHA-HF.1.2) erstattet oder durch öffentliche Mittel finanziert werden (ICHA-HF.1.1) sind dem Ersten Gesundheitsmarkt (GM_1) zugeordnet (beispielsweise erstattungsfähige Arzneimittel).
- Zweiter Gesundheitsmarkt (GM_2): Jene gesundheitsrelevanten Güter und Leistungen, die weder über Pflichtversicherungen bzw. Sozialversicherungen gedeckt sind noch durch öffentliche Mittel subventioniert werden, sind dem Zweiten Gesundheitsmarkt zugeordnet. Darunter fallen private Versicherungsunternehmen, Selbstzahlungen der privaten Haushalte, private Organisationen ohne Erwerbszweck und Unternehmen (ICHA-HF.2.2-HF.2.5[6]) für Leistungen wie beispielsweise Wellness.

---

[4] Zur Problematiken bei der Output-Messung, der Bestimmungen der Produktionsfunktion und der Kosten-Nutzen-Zuordnung siehe Kapitel 4.

[5] Zusätzlich existiert noch der Sektor *übrige Welt* (ICHA-HF.3), der jedoch hier nicht von Bedeutung ist.

[6] Die Klassifikation HF.2.1. „Private social insurance" ist für Österreich nicht relevant.

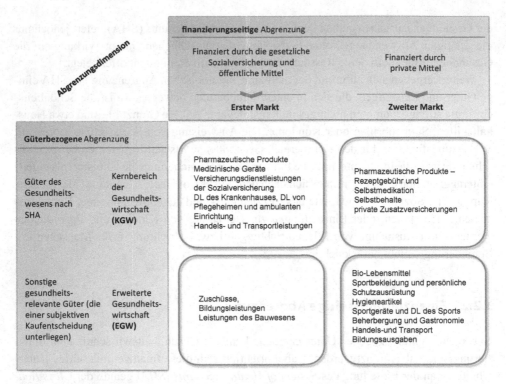

Abb. 5.2 Die vier Teilmärkte des österreichischen GSK. (Quelle: HealthEcon und IHS Unternehmen, Branchen & Regionen (2013))

Im internationalen Vergleich besteht in Österreich ein hoher Deckungsgrad an Leistungen der Sozialversicherung. So werden etwa auch im zahnmedizinischen Bereich Leistungen durch die Krankenversicherung übernommen, was durchaus nicht in allen westlichen Ländern der Fall ist. Aus diesem Grund ist der Erste Markt im Verhältnis zum Zweiten Markt in Österreich stärker ausgeprägt. Jedoch weist der Zweite Gesundheitsmarkt eine wachsende Bedeutung auf. Unter dieser Entwicklung ist eine tendenzielle relative Verschiebung vom Ersten zum Zweiten Gesundheitsmarkt zu erwarten.

5.3 Kernbereich Gesundheitswirtschaft

Da die primäre Unterscheidung des GSK verwendungsseitig nach Gütern erfolgt, werden in diesem und den darauffolgenden Kapitel die Gütergruppen und deren Gesundheitsrelevanz anhand der Einteilung in einen Kernbereich Gesundheitswirtschaft (KGW) und eine erweiterte Gesundheitswirtschaft (EGW) erläutert.

Gesundheitsanteile bzw. Koeffizienten, die die Gesundheitsrelevanz widerspiegeln, bilden den Schlüssel für die im Gesundheitssatelliten abgegrenzten Konten. Dazu wurden Studien und Statistiken bzw. Sekundärdaten herangezogen (siehe etwa Tab. 5.4, S. 78), sowie Befragungen durchgeführt. Die wesentliche Anforderung bei der Ermittlung dieser Koeffizienten ist eine Kompatibilität mit den Makroaggregaten der VGR.[7] Wie bereits angeführt, bestimmt die systematische Abgrenzung der Leistungsanbieter im SHA die Güterabgrenzung für den Kernbereich Gesundheitswirtschaft.

5.3.1   System of Health Accounts

Seit dem Jahr 2005 befindet sich Österreich in der Implementierungsphase des OECD „System of Health Accounts" (SHA) zur Berechnung der Gesundheitsausgaben, die von Statistik Austria im Auftrag des Bundesministeriums für Gesundheit (BMG) durchgeführt wird. Das „System of Health Accounts" ist ein konsistentes, international vergleichbares System von Gesundheitskonten zur umfassenden Dokumentation und Erfassung von Gesundheitsausgaben (inklusive Langzeitpflege) und ihrer Finanzierung. Derzeit wird das SHA in nahezu allen OECD-Ländern verwendet. Die angewandten Buchungsregeln zur Berechnung der öffentlichen und privaten Gesundheitsausgaben gemäß SHA basieren auf den Konzepten der Volkswirtschaftlichen Gesamtrechnungen (VGR) und erfüllen somit auch die international anerkannten Kriterien zur Festlegung der nationalen ökonomischen Aggregate. Die VGR bildet somit den Bezugspunkt sowohl für die Input-Output-Tabellen als auch für die Ausgabenrechnung gemäß SHA.

Generell verfolgt das SHA folgende Ziele (vgl. Statistik Austria 2010a):

- Bereitstellung eines Satzes international vergleichbarer Gesundheitskonten in Form standardisierter Tabellen;
- Definition einer international harmonisierten inhaltlichen Abgrenzung der Gesundheitsversorgung und ihrer grundlegenden Kategorien;
- Unterscheidung der Kernfunktionen der Gesundheitsversorgung von den Funktionen der Gesundheitsversorgung im weiteren Sinn und Hervorhebung der sektorübergreifenden Aspekte des Gesundheitswesens als Angelegenheit, die für verschiedene Bereiche der Sozial- und Wirtschaftspolitik von gemeinsamem Interesse ist;
- Präsentation von Tabellen für die Analyse der Finanzierungsströme im Gesundheitsbereich zusammen mit einer Klassifizierung der Versicherungssysteme und anderer Finanzierungsmechanismen;
- Bereitstellung eines Rahmens für eine im zeitlichen Verlauf konsistenten Berichterstattung;
- Beobachtung der ökonomischen Folgen von Gesundheitspolitiken und –reformen;

---

[7] Wenn nicht anders angegeben, bilden Gesundheitskoeffizienten güterbezogene nachfrageseitige Koeffizienten. Für einzelne Gütergruppen ergeben sich Abweichungen in den Koeffizienten in Bezug auf Konsumausgaben, Ausrüstungsinvestitionen, Bauinvestitionen, (Input-)Vorratsveränderungen, (Output-)Vorratsveränderungen, Importe, Exporte, intermediäre Verwendung und Subventionen.

- Bereitstellung eines Rahmens für die Analyse der Gesundheitsversorgung aus ökonomischer Sicht im Einklang mit den jeweiligen nationalen Buchungsregeln.

Insgesamt umfasst das OECD Manual „A System of Health Accounts" zehn Standardtabellen. Diese ermöglichen die Erfassung der Gesundheitsausgaben nach verschiedenen Kategorien, nach deren Finanziers, nach deren Verwendung nach Gesundheitsleistungen und -gütern und auch nach den Leistungserbringern im Gesundheitswesen (auf die Kategorien wird in weiterer Folge noch genauer eingegangen):

- Funktion bzw. Art der Gesundheitsleistung (Classification of Functions of Health Care – ICHA-HC)
- Leistungserbringer von Gesundheitsleistungen und -gütern (Classification of Providers of Health Care – ICHA-HP)
- Finanziers (Classification of Health Care Financing – ICHA-HF)

In Österreich sind derzeit noch nicht alle zehn Standardtabellen verfügbar. Der Vollständigkeit halber seien an dieser Stelle jedoch alle Tabellen angeführt. Tabellen 1) – 4) wie auch 7) wurden in Österreich bereits erstellt.

Tabelle 1)	Laufende Gesundheitsausgaben nach Funktion der Gesundheitsleistung, Leistungserbringer und Finanzier (HCxHPxHF)
Tabelle 2)	Laufende Gesundheitsausgaben nach Funktion der Gesundheitsleistung und Leistungserbringer (HCxHP)
Tabelle 3)	Laufende Gesundheitsausgaben nach Leistungserbringer und Finanzier (HPxHF)
Tabelle 4)	Laufende Gesundheitsausgaben nach Funktion der Gesundheitsleistung und Finanzier (HCxHF)
Tabelle 5)	Gesundheitsausgaben einschließlich Funktionen der Gesundheitsversorgung im weiteren Sinn (HCxHC.RxHF)
Tabelle 6)	Individuelle Gesundheitsausgaben nach den Hauptkategorien der International Classification of Diseases
Tabelle 7)	Individuelle Gesundheitsausgaben nach Alter und Geschlecht
Tabelle 8)	Ausgewählte Preisindizes im Gesundheitswesen
Tabelle 9)	Internationaler Handel im Gesundheitswesen
Tabelle 10)	Gesamtbeschäftigung in den Einrichtungen der Leistungserbringer

Die Kerntabellen des SHA zielen primär auf die Beantwortung dreier Fragen ab:

- Woher kommen die Finanzierungsmittel (Finanzier)?
- Wohin fließen die Finanzierungsmittel (Leistungserbringer)?
- Welche medizinischen Leistungen werden erbracht und welche medizinischen Güter werden erworben?

Aufgrund der dargestellten Merkmale und Zielsetzungen des SHA dient es als wichtiger Grundstein bei der Implementierung eines Gesundheitssatellitenkontos (Güterabgrenzung für den KGW). Dabei gilt zu beachten, dass die im SHA ausgewiesenen Informationen nicht vorbehaltlos übertragbar sind. Das im SHA berücksichtigte Pflegegeld bildet eine Transferleistung und ist damit nicht direkt mit der rein VGR basierten Input-Output-Methodik kompatibel. Gleiches gilt für betriebsärztliche Leistungen. Darüber hinaus gilt es zu beachten, dass sich das SHA nach den Umsätzen durch den Endverbrauch richtet und dabei Vorleistungsstrukturen außer Acht lässt.

Für die Implementierung des österreichischen GSK sind vor allem die Klassifizierungen nach Leistungserbringern und Finanziers relevant. Folgende Tab. 5.1 gibt die SHA-Klassifizierung und die Abgrenzung der Kategorisierungen wieder.

Tab. 5.1 SHA-Klassifikation. (Quelle: IHS HealthEcon und IHS Unternehmen, Branchen & Regionen (2013) nach Statistik Austria (2010a))

HP – Leistungserbringer von Gesundheitsleistungen und –gütern	
HP.1 Krankenhäuser	Hier sind alle Einrichtungen erfasst, deren Haupttätigkeit in der medizinischen, diagnostischen und therapeutischen Betreuung stationär aufgenommener Patienten liegt. Spitalsambulanzen sind ebenfalls in dieser Gruppe enthalten. Eine wesentliche Eigenschaft ist die spezielle Infrastruktur bzw. apparative Ausstattung der Einrichtungen
HP.2 Wohn- und Pflegeheime	Klassifiziert sind hier alle Einrichtungen, deren Haupttätigkeit in der Unterbringung, Beaufsichtigung und Pflege von Behinderten, hilfs- und pflegebedürftigen Menschen besteht. Wichtig bei der Klassifikation einer Einheit ist der Anteil der medizinischen Leistung. Ist die medizinische Komponente eher sekundär, dann werden diese nicht in dieser Kategorie inkludiert
HP.3 Ambulante Einrichtungen	In dieser Gruppe sind alle Einrichtungen zusammengefasst, deren Haupttätigkeit in der direkten Erbringung ambulanter Gesundheitsleistungen für Personen besteht, die keine stationäre Behandlung benötigen
HP.4 Einzelhandel und sonstige Anbieter medizinischer Güter	Eine Einrichtung wird in dieser Gruppe erfasst, wenn die Haupttätigkeit der Verkauf medizinischer Güter an die breite Öffentlichkeit zur letzten Verwendung bzw. Nutzung durch private Haushalte ist. Als Beispiel seien hierbei die Apotheken genannt
HP.5 Einrichtungen des Gesundheitsschutzes	Hier werden all jene Einrichtungen erfasst, welchen die staatliche und private Verwaltung und Bereitstellung von Gesundheitsprogrammen obliegt. Hierunter fallen beispielsweise Einrichtungen der Sozialversicherungsträger, welche Gesundheitsvorsorgemaßnahmen anbieten
HP.6 Verwaltung und Versicherung der Gesundheitsversorgung	Diese Klasse umfasst alle Einrichtungen deren Haupttätigkeit in der Regulierung der Aktivitäten von Institutionen besteht, die sich mit der Bereitstellung von Gesundheitsdienstleitungen befassen

Tab. 5.1 (Fortsetzung)

HP – Leistungserbringer von Gesundheitsleistungen und –gütern

HP.7 Sonstige Wirtschaftszweige	Diese Gruppe umfasst anderweitig nicht genannte Wirtschaftszweige, die als Neben- oder sonstige Tätigkeit Gesundheitsleistungen erbringen. Als Beispiel können die privaten Haushalte, welche Pflegeleistungen erbringen, die durch das Pflegegeld abgebildet werden, genannt werden
HP.9 Übrige Welt	Diese Gruppe dient zur Erfassung von gebietsfremden Einrichtungen, die Gesundheitsleistungen zur letzten Verwendung durch gebietsansässige Einheiten erbringen
HF – Finanziers	
HF.1 Staat	Bei dieser Gruppe sind alle institutionellen Einheiten der Teilsektoren Bund, Länder, Gemeinden sowie die Sozialversicherung erfasst. In den SHA-Tabellen werden die Gesundheitsausgaben nach HF.1.1 Bund, Länder, Gemeinden und HF.1.2 Sozialversicherung getrennt dargestellt
HF.2 Privater Sektor	Hier werden alle gebietsansässigen institutionellen Einheiten, die nicht dem Sektor Staat zuzuordnen sind, erfasst. Dabei sind die Finanziers der privaten Gesundheitsausgaben gegliedert in private Versicherungsunternehmen, private Haushalte, private Organisationen ohne Erwerbszweck und Unternehmen. (ICHA-HF.2.2-HF.2.5). Die Kategorie HF.2.1. der privaten verpflichtenden Sozialversicherungen ist in Österreich – im Gegensatz etwa zu Deutschland – nicht von Relevanz
HF.3 Übrige Welt	Diese Position umfasst im Ausland ansässige institutionelle Einheiten, die Gesundheitsleistungen und Produkte im Gesundheitsbereich in anderen Ländern finanziert. Dieser Finanzier ist im Bereich der internationalen Kooperation, wie sie zum Beispiel die Entwicklungshilfe im Gesundheitsbereich darstellt, von Relevanz. Da in Österreich keine Finanzierung von Gesundheitsleistungen durch das Ausland erbracht wird, ist diese Kategorie nicht von Bedeutung

Die im SHA ausgewiesenen Gesundheitsausgaben dienen als Datengrundlage für den Kernbereich der Gesundheitswirtschaft, die es gilt in das Güteraggregationssystem (Güteraggregationsgruppen G_1–G_9) des Gesundheitssatellitenkontos zu überführen. Dabei orientiert sich das österreichische GSK aus Gründen der Vergleichbarkeit an der Systematik des deutschen GSK.

Nachfolgende Abb. 5.3 veranschaulicht die Harmonisierung der Abgrenzungen und Verzahnung der Klassifikationssysteme von SHA und GSK. Darin ist die Zuordnung aller Bereiche der Leistungserbringung aus dem SHA zum KGW erkennbar (umrahmter Bereich). Innerhalb dieser güterbezogenen Abgrenzung ist auch die finanzierungsseitige Abgrenzung nach öffentlichen Mitteln (dunkelgrau unterlegter Bereich) und privaten Mitteln (hellgrau unterlegter Bereich) der Gesundheitswirtschaft möglich.

GSK Gütergruppe	HP-Leistungserbringer von Gesundheitsleistungen und -gütern	HF-Finanziers	1. Markt		2. Markt			
			HF.1.1	HF.1.2	HF.2.2	HF.2.3	HF.2.4	HF.2.5
			Staat außer Sozialversicherung	Sozialversicherung	Private Versicherungsunternehmen	Selbstzahlungen der privaten Haushalte	Private Organisationen ohne Erwerbszweck	Unternehmen
G_5	Krankenhäuser	HP.1	x	x	x	x	x	
G_5	Wohn- und Pflegeheime	HP.2	x	x	x	x	x	
G_6	Ambulante Einrichtungen	HP.3	x	x	x	x	x	
G_1 G_2 G_3	Einzelhandel und sonstige Anbieter medizinischer Güter	HP.4	x	x	x	x		
G_6	Einrichtungen des Gesundheitsschutzes	HP.5	x					
G_4	Verwaltung und Versicherung der Gesundheitsversorgung	HP.6	x	x	x			
G_7	Sonstige Wirtschaftszweige (übrige Wirtschaft)	HP.7	x	x				
	Übrige Welt	HP.9		x		x		

(Left vertical label: Kernbereich Gesundheitswirtschaft)

Abb. 5.3 SHA Leistungserbringer x Finanzier in Verbindung mit GSK Güteraggregationsgruppen Anmerkung: Die Kategorie HF.2.1. der privaten verpflichtenden Sozialversicherungen ist in Österreich nicht von Relevanz (Statistik Austria 2010a). (Quelle: IHS HealthEcon und IHS Unternehmen, Branchen & Regionen (2013))

5.3.2 Aufbau und Anwendung des KGW

Der KGW setzt sich aus den Güteraggregationsgruppen G_1 bis G_9 zusammen. Tabelle 5.3 (S. 73) zeigt alle Güter und Dienstleistungen, die dem KGW zugeordnet werden. Dabei kann grob unterschieden werden zwischen jenen Gütergruppen, die auf der vorhandenen Datenebene zu 100 % gesundheitlich relevant sind und jenen Gütergruppen, die nur anteilig einer Gütergruppe auf höherer Aggregationsebene zuordenbar sind.

Somit weisen etwa medizinische Dienstleistungen im (teil-)stationären bzw. nichtstationären Bereich, Alters- und Pflegeheime, sowie Bestrahlungs- und Elektrotherapiegeräte und elektromedizinische Geräte, medizinische und zahnmedizinische Apparate und Materialien (hierunter fallen auch Brillen und orthopädische Produkte) jeweilig einen Gesundheitsanteil von 100 % auf.

Andere Güter und Dienstleistungen sind ein aliquoter Bestandteil der verfügbaren Gütergruppe, die auch nicht gesundheitsrelevante Bereiche enthalten. Daraus ergibt sich ein Gesundheitsanteil von unter 100 %. So erfolgt beispielsweise ein Abschlag auf pharmazeutische Erzeugnisse durch Nahrungsergänzungsmittel und das Veterinärwesen bzw. tierische Arzneimittel – das ÖGSK ordnet der österreichischen Gesundheitswirtschaft nur humanmedizinische Güter und Leistungen zu. Andere Beispiele für Gesundheitsanteile im

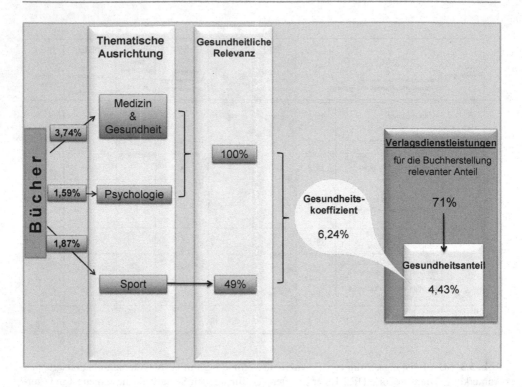

Abb. 5.4 Gesundheitsrelevanz des Buchmarktes. Anmerkung: Von den Verlagsdienstleistungen sind nur 71% für die Herstellung von Büchern als relevant zu erachten – 29% der Verlagsdienstleistungen entfallen auf Adressbücher und Verzeichnisse und finden demnach in den Berechnungen keine weitere Beachtung mehr. (Quelle: IHS HealthEcon und IHS Unternehmen, Branchen & Regionen (2013))

KGW sind etwa Einzelhandels- und Großhandelsleistungen, sowie Dienstleistungen der öffentlichen Verwaltung. Diese werden nur anhand ihres gesundheitsrelevanten Anteils berücksichtigt. So kommt etwa den Dienstleistungen von Versicherungen (ÖCPA 47) ein Gesundheitsanteil von 12,07 % zu. Abbildung 5.4 auf Seite 78 veranschaulicht graphisch die Herleitung des Gesundheitskoeffizienten bzw. -anteils für den Büchermarkt.

Nachfolgende Tab. 5.2 zeigt beispielhaft die Zuordnung gesundheitsrelevanter Güter und Dienstleistungen zur jeweiligen tiefst verfügbaren Datenebene:

Um eine klare Struktur zu schaffen, werden – wie bereits angesprochen – alle gesundheitsrelevanten Güter und Leistungen einer von zwölf Güteraggregationsgruppen zugeordnet, wovon sieben Güteraggregationsgruppen dem KGW entsprechen. Um eine größtmögliche Kompatibilität zu gewährleisten, wird die Struktur den Güteraggregationsgruppen des deutschen GSK angepasst. Für den Kernbereich der Gesundheitswirtschaft des österreichischen GSK ergibt sich damit die in Tab. 5.3 veranschaulichte Zuordnung der Güteraggregationsgruppen.

Tab. 5.2 Beispiel für die Verortung gesundheitsrelevanter Gütergruppen. (Quelle: IHS HealthEcon und IHS Unternehmen, Branchen & Regionen (2013))

Zusammensetzung der verfügbaren Gütergruppen		Zuordnung
30_F	Fahrräder, sowie Behindertenfahrzeuge	
C309210	Zweiräder und andere Fahrräder (einschließlich Lastendreiräder), ohne Motor	EGW
C309220	Rollstühle und andere Fahrzeuge für Kranke und Körperbehinderte	KGW
C309230	Teile und Zubehör für Zweiräder und andere Fahrräder, ohne Motor, sowie für Rollstühle und andere Fahrzeuge für Behinderte	KGW/EGW
C309240	Kinderwägen und Teile davon	NGW
C309299	An Subunternehmer vergebene Arbeiten bei der Herstellung von Fahrrädern sowie Behindertenfahrzeugen	KGW/EGW

NGW Nicht-Gesundheitswirtschaft

Tab. 5.3 Aufbau der Güteraggregationsgruppen 1_G – 8_G. (Quelle: IHS HealthEcon und IHS Unternehmen, Branchen & Regionen (2013))

Güteraggregationsgruppe		
CPAª	*Gütergruppe*	*Relevanter Inhalt zur Aufnahme ins ÖGSK*
Kernbereich der Gesundheitswirtschaft		
1_G Pharmazeutische Produkte		
21	Pharmazeutische Erzeugnisse	Beinhaltet die pharmazeutische Industrie, abzüglich der Pharmazeutika, die für die Veterinärmedizin bestimmt sind
2_G Medizintechnische Produkte		
26_F	Bestrahlungs- und Elektrotherapiegeräte und elektromedizinische Geräte	Beinhaltet medizinische, chirurgische bzw. orthopädische Instrumente, Apparate, Geräte, Vorrichtungen und Verbrauchsmaterialien sämtlicher Fachrichtungen. Neben Bestrahlungs- und Elektrotherapiegeräten, sowie elektromedizinischen bzw. zahnmedizinischen Apparaten (inkl. Installations- und Reparaturarbeiten an derartigen Geräten) auch Brillen und andere Seehilfen, orthopädische und prothetische Hilfsmittel und Hörhilfen, Sterilisierapparate für medizinische oder chirurgische Zwecke oder für Laboratorien, Spritzen, Nadeln, Katheter, Kanülen, Mechanotherapie- und Massageapparate, künstliche Gelenke u. a. orthopädische Apparate, sowie deren Teile und Zubehör, Waren der Zahnprothetik, und medizinische Möbel wie beispielsweise Operationstische und Stühle. Außerdem ist die Produktion von Rollstühlen und Behindertenfahrzeugen dieser Gruppe zuzuschreiben
30_F	Fahrräder sowie Behindertenfahrzeuge	
32_D	Medizinische und zahnmedizinische Apparate und Materialien	
33_IC	Installationsarbeiten an medizinischen, sowie optischen und feinmechanischen Instrumenten und an Ausrüstungsgegenständen für industriell-gewerbliche Zwecke	
33_RC	Reparaturarbeiten an elektronischen und optischen Geräten	

Tab. 5.3 (Fortsetzung)

CPAª	Gütergruppe	Relevanter Inhalt zur Aufnahme ins ÖGSK
Güteraggregationsgruppe		

Güteraggregationsgruppe

Kernbereich der Gesundheitswirtschaft

G_3 Einzelhandelsleistungen des Kernbereichs

| 47 | Einzelhandelsleistungen (ohne Handelsleistungen mit Kraftfahrzeugen) | Hierunter fällt der Einzelhandel mit Waren des Kernbereichs (Apotheken, Einzelhandel medizinscher Güter) |

G_4 Krankenversicherungs- und sonstige Verwaltungsleistungen

65_A	Dienstleistungen von Lebensversicherungsgesellschaften sowie Pensionskassen und Pensionsfonds	Die Verwaltungsleistungen der Krankenversicherungsträger werden um nicht gesundheitsrelevante Teile vermindert. Bei den Pensionsversicherungsträgern wird lediglich ein kleiner Anteil der Verwaltungsausgaben nach SHA verbucht – berechnet wird dieser Anteil anhand der gesundheitsrelevanten Aufwendungen der Pensionsversicherungsträger. Bei den Unfallversicherungsträgern ist der gesundheitsrelevante Verwaltungsaufwand bereits bei den jeweiligen Behandlungspositionen inkludiert. Zusätzlich fließen noch gesundheitsrelevante Verwaltungsausgaben des Hauptverbandes der Sozialversicherungsträger und Ausgaben von sonstigen Verwaltungseinheiten wie auch Verwaltungsausgaben des Privatkrankenanstalten-Finanzierungsfonds und der Krankenfürsorgeanstalten mit ein. Im Rahmen der privater Versicherungsleistungen werden Kranken- und Unfallversicherungen berücksichtigt, sowie entsprechende Rückversicherungsleistungen
65_C	Rückversicherungsdienstleistungen	
84	Dienstleistungen der öffentlichen Verwaltung, der Verteidigung und der Sozialversicherung	

G_5 Dienstleistungen stationärer Einrichtungen

86_A	Dienstleistungen von Krankenhäusern	Bei diesen Leistungen handelt es sich um stationär und ambulant erbrachte Leistungen von Krankenanstalten bzw. Rehabilitationseinrichtungen. Darüber hinaus sind Dienstleistungen von Alters- und Pflegeheimen und Dienstleistungen von Heimen und des Sozialwesens (Pflegeeinrichtungen für Menschen mit Behinderung) enthalten
87-88_A	Alters- und Pflegeheime	
87-88_B	Dienstleistungen von Heimen und des Sozialwesens	

G_6 Dienstleistungen nicht-stationärer Einrichtungen

| 86_B | Ärztliche Dienstleistungen in Arzt- und Zahnpraxen | Unter nicht-stationäre Leistungen fallen erbrachte Leistungen in Arzt- und Zahnarztpraxen sämtlicher Fachrichtungen, sowie von sonstigen medizinischen Berufen und nichtärztlichen Gesundheitsdienstleistern erbrachte Leistungen (Psychologen und Psychotherapeuten). Außerdem gehören zu dieser Güteraggregationsgruppe Leistungen für medizinische und diagnostische Labore, Blut-, Samen- und Organbanken sowie Kranken- und Rettungsdienstleistungen |
| 86_C | Dienstleistungen des Gesundheitswesens, a. n. g. | |

Tab. 5.3 (Fortsetzung)

Güteraggregationsgruppe		
CPA[a]	*Gütergruppe*	*Relevanter Inhalt zur Aufnahme ins ÖGSK*
Kernbereich der Gesundheitswirtschaft		
G_7 Sonstige Dienstleistungen des Kernbereichs		
46	Großhandelsleistungen (ohne Handelsleistungen mit Kraftfahrzeugen)	Zu den sonstigen Dienstleistungen des Kernbereichs zählen Transportleistungen, sowie Handelsvermittlungs- und Großhandelsleistungen mit Waren des Kernbereichs (Pharmazeutika, medizintechnische Produkte)
49	Landverkehr und Transportleistungen in Rohrfernleitungen	
50	Schifffahrtsleistungen	
51	Luftfahrtleistungen	
52	Lagereileistungen sowie sonstige Unterstützungsdienstleistungen fur den Verkehr	

Einige ÖCPA Gütergruppen scheinen auch in der EGW-Auflistung auf (Tab. 5.5), da diese anteilig sowohl im KGW als auch in der EGW wirksam sind.

[a] Je nach verfügbarer Detailtiefe wurden neben den publizierten Daten der Statistik Austria auf Zweisteller-Ebene auch Sonderauswertungs-Daten der internen Input-Output-Tabelle 2008 (IIO) der Statistik Austria herangezogen (Input-Output-Daten der Sonderauswertung der Statistik Austria liefern eine etwas genauere Abbildung (sozusagen „Zweieinhalbsteller"-Ebene). Diese „internen-IO" (IIO) Daten der Statistik Austria wurde erstmalig für die Erstellung der Input-Output-Tabelle 2008 formuliert. Während die publizierte Input-Output-Tabelle 75 Sektoren aufweist, unterscheidet die „interne IO" etwa 250 Güter- und 150 Wirtschaftssektoren. Der *Gesundheitsanteil* bezieht sich – wenn vorhanden – auf diese „Zweieinhalbsteller"-Ebene.). Diese sind durch einen nachgestellten alphabetischen Code gekennzeichnet

5.4   Erweiterte Gesundheitswirtschaft

Nachfolgend wird die Auswahl bzw. Abgrenzung der Güter der EGW und die Bestimmung von Gesundheitskoeffizienten und -anteilen erläutert. Güter und Leistungen der EGW unterliegen einer subjektiv gesundheitsfördernden Kaufentscheidung und werden nicht direkt mit den Institutionen des Gesundheitswesens in Verbindung gebracht – scheinen somit nicht in der Statistik der Gesundheitsausgaben gemäß dem System of Health Accounts auf.

5.4.1   Gesundheitsrelevante Güter und Dienstleistungen

Methodisch bedingt ergibt sich eine konservative Auswahl der Bereiche der erweiterten Gesundheitswirtschaft. Es werden jene Produkte und Dienstleistungen in die EGW einbezogen, die im Rahmen der Input-Output-Analyse darstellbar sind und denen, basierend auf der aktuellen Datenlage, ein Gesundheitskoeffizient zuordenbar ist.[8] Wie in Kap. 5.1 beschrieben, werden etwa Einkommens- und immaterielle Leistungen, oder spezieller etwa die Endnachfrage für Wasserversorgung, nicht im GSK berücksichtigt.

Aufgrund eines äußerst geringen Marktvolumens bzw. Datenmängel werden einige wenige Bereiche mit einer geringen Bedeutung ebenfalls nicht berücksichtigt. Hierzu zählen etwa gesundheitsrelevante Personentransporte mit dem Taxi zum Krankenhaus oder Arzt. In Kap. 5.5 werden Grenzfälle an Gütern und Leistungen angeführt, die nicht im ÖGSK enthalten sind.

Gesundheitskoeffizienten entsprechen der Gesundheitsrelevanz einzelner Güter und Dienstleistungen, im Gegensatz zu Gesundheitsanteilen, die in Bezug auf Gütergruppen der ÖCPA bzw. IIO zur Anwendung kommen.[9] So sind beispielsweise Bio-Lebensmittel zu 41 % gesundheitsrelevant – entspricht dem gesundheitsbezogenen Kaufmotiv der Konsumenten – und weisen einen wertmäßigen Marktanteil von 5,1 % (2008) am Nahrungsmittelmarkt auf.[10] Daraus ergibt sich ein Gesundheitsanteil an der IIO Gruppe 10_A „Nahrungsmittel" von 2,091 %. Über den Motivationsgrund *um gesund zu bleiben*" für Sport von 49 %, wird beispielsweise dieser Gesundheitskoeffizient auf alle sportrelevanten ÖCPA Gütergruppen angewandt.

Abbildung. 5.4 veranschaulicht graphisch, wie der Buchmarkt in das GSK einfließt. Dabei zeigt sich der gesundheitsrelevante Anteil am gesamten Büchermarkt (4,43 %) in Form von Dienstleistungen betreffend das Verlegen von gesundheitsrelevanter Literatur und der Herstellung von gesundheitsrelevanten Verlags- und Druckerzeugnissen.

Das Marktvolumen kann nicht, wie im deutschen GSK, direkt aus einer Quelle entnommen werden. Das Aufkommen gesundheitsrelevanter österreichischer Bucherscheinungen wird auf Basis der Erscheinungsaufzeichnungen der Österreichischen Nationalbibliothek (2008) quantifiziert. Dieser Koeffizient wird auf das Volumen der Verlagsdienstleistungen angewandt (IIO 58A). Für das Jahr 2008 ergibt sich aus den Statistiken der Österreichischen Nationalbibliothek ein Gesundheitsanteil von 6,24 %. Dieser setzte sich, wie aus Abb. 5.4 zu entnehmen ist, wie folgt zusammen: 3,74 % der Bucherscheinungen sind dem Themengebiet Medizin & Gesundheit zuzuordnen, 1,59 % der Psychologie und weitere 1,87 % dem Bereich Sport. Medizin & Gesundheit, wie auch Psychologie, sind zur Gänze als gesundheitsrelevant zu erachten, während Sportliteratur nur zu 49 % gesundheitsrelevant ist. Umfragen zum Sportverhalten in Österreich (Pratscher 2000) zeigen, dass der Motivationsgrund *um gesund zu bleiben*" für Sport bei 49 % liegt.

---

[8] Wenn nicht anders angegeben, bilden Gesundheitskoeffizienten güterbezogene nachfrageseitige Koeffizienten. Für einzelne Gütergruppen ergeben sich Abweichungen in den Koeffizienten in Bezug auf Konsumausgaben, Ausrüstungsinvestitionen, Bauinvestitionen, (Input −)Vorratsveränderungen (Output-)Vorratsveränderungen, Importe, Exporte, intermediäre Verwendung und Subventionen.

[9] Für eine begriffsdefinitorische Unterscheidung von Gesundheitskoeffizienten und Gesundheitsanteil siehe Seite 51.

[10] Zur primären Klassifizierung über eine subjektive Kaufentscheidung siehe Kap. 6.2.1.

Über alle Themengebiete zusammengefasst ergibt sich, dass 6,24 % aller Verlagsdienstleistungen als gesundheitsrelevant zu erachten sind. In den Daten der Statistik Austria
werden Verlagsdienstleistungen von Büchern (IIO 58A) mit einer weiteren Gruppe[11] aggregiert. Um jenen, für das Verlegen von Büchern, relevanten Anteil herauszurechnen
werden Daten der Leistungs- und Strukturtabellen herangezogen. Dies zeigt, dass 71 %
dieser Untergruppe für die Berechnungen relevant sind, da sie dem Buchsektor zuzurechnen sind.

Nachfolgend wird in Tab. 5.4 ein Überblick über einen Teil der herangezogenen publizierten Quellen zur Berechnung der Gesundheitsanteile und Koeffizienten einzelner
Gütergruppen gegeben. Darin sind Erhebungen und Anfragen nicht enthalten, die neben
der Sichtung von Sekundärliteratur durchgeführt wurden.

Tab 5.4 Quellen zur Berechnung von Gesundheitsanteilen und Koeffizienten einzelner Gütergruppen. (Quelle: IHS HealthEcon und IHS Unternehmen, Branchen & Regionen (2013))

Güter & Leistungen	Quelle
Bio-Lebensmittel	Agrarmarkt Austria (2010a): Marktentwicklung
	Agrarmarkt Austria (2010b): RollAMA Motivanalyse
	Arbeiterkammer (2007): Preisvergleich von Bioprodukten, nicht Biopro- dukten und Markenprodukten. Preisvergleich in Wiener Supermärkten
Bekleidung	Helmenstein C, Kleissner A, Moser B (2006): Sportwirtschaft in Öster- reich. Eine Analyse der wirtschaftlichen Bedeutung des Sports in Öster- reich. SportsEconAustria
PSA	Arbeiterkammer (2010): Umfrage zu Persönlicher Schutzausrüstung: Frauen unzufriedener als Männer. Pressekonferenz am 28. Jänner 2010
	Verband Arbeitssicherheit (2007): Der Markt für persönliche Schutzaus- rüstung (PSA) in Österreich. Präsentation. Karmasin Marktforschung
Bücher	Österreichische Nationalbibliothek: Verzeichnis der Österreichischen Neuerscheinungen (2008): http://bibliographie.onb.ac.at/biblio/ [zuletzt Abgerufen am 05.09.2012]
Sport Motivation	Pratscher H (2000): Sportverhalten in Österreich. Journal für Ernäh- rungsmedizin 2 (5), 18-23
TV und Radio	Woelke J (2010): TV-Programmanalyse. Fernsehvollprogramme in Öster- reich. Schriftenreihe der Rundfunk und Telekom Regulierungs-GmbH
	Wenzel C, Trappel J, Gadringer S (2012): Zur Qualität im Privatrundfunk - Begleitforschung zum österreichischen Privatrundfunkfonds. Schriftenreihe der Rundfunk und Telekom Regulierungs-GmbH

---

[11] Dienstleistungen betreffend das Verlegen von Adressbüchern und Verzeichnissen (58.12)

Tab 5.4 (Fortsetzung)

Güter & Leistungen	Quelle
Hygiene und Körperpflege	Statistik Austria (2011b): Verbrauchsausgaben 2009/2010. Hauptergebnisse der Konsumerhebung. Statistik Austria. Wien
	Pleschberger C (2009): Gesund beginnt im Mund. Cash - das Handelsmagazin, Juli/August 2009
	Apotheker Plus 2/2012: Ziel: Verbesserte Mundgesundheit. Springer Verlag
	COSSMA (2011): Österreich: Kosmetikmarkt boomt
	COSSMA (2012): VKE erwartet 2% Wachstum für 2013
Gastronomie im Tourismussektor	SportsEconAustria (2012): Wintersport Spezialausgabe. Sportaustria Nr. 6
	Österreich Werbung (o. J.b): Ausgaben der Gäste in Österreich.SU/Tourismusforschung
Wellness/Gesundheitstourismus und Sporttourismus	Con.os tourismus consulting (2011) Grundlagenstudie: Der Gesundheits- und Wellness-Tourismus in Österreich: Status-Potenziale-Ausblick. Bundesministerium für Wirtschaft, Familie und Jugend
	Felderer B, Helmenstein C, Kleissner A, Moser B, Schindler J, Treiler R (2006a): Sport und Ökonomie in Europa. Ein Tour d'Horizon. SportsEconAustria
	Felderer B, Kleissner A, Moser B, Schnabl A, Dimitrov D, Weissteiner T (2006b) Ökonomische Bedeutung des Sports in Österreich. Studie im Auftrag des Jubiläumsfonds der Österreichischen Nationalbank. Institut für Höhere Studien. SportsEconAustria
	Österreich Werbung (o. J.a): Was sind die Motive für einen Urlaub in Österreich? SU/Tourismusforschung
	Österreich Werbung (o. J.b): Ausgaben der Gäste in Österreich.SU/Tourismusforschung
	Österreich Werbung/T-Mona (2011): Tourismus Monitor Austria
	Schwark J (2007): Sport Tourism: Introduction and Overview. European Journal for Sport and Society 4(2). 117–132
	SportsEconAustria (2012): Wintersport Spezialausgabe. Sportaustria Nr. 6. Sportministerium
	Statistik Austria (2012e): Beherbergungsstatistik: Monatliche Nächtigungsstatistik. Jährliche Bestandsstatistik. Wien
	UNO (2010): Tourism Satellite Account: Recommended Methodological Framework 2008. Department of Economic and Social Affairs
	WKO (2011): Tourismus in Zahlen: Österreichische und internationale Tourismus- und Wirtschaftsdaten. 47. Ausgabe. April 2011
	WIFO (2012): Ein Tourismus-Satellitenkonto für Österreich. Methodik Ergebnisse und Prognosen für die Jahre 2000 bis 2012. WIFO. Wien

Tab 5.4   (Fortsetzung)

Güter & Leistungen	Quelle
Pharmazeutika	Böheim M, Pichler E (o. J.): Der österreichische Selbstmedikationsmarkt: Marktperformance und Deregulierungsspielräume. WU-Working Paper
	IGEPHA (2008): Jahresbericht 2008
	ÖBIG (2008): Pharma-Profil Österreich. Pharmaceutical pricing and reimbursement information. Wien
	IMS Consulting Group (2009): Der Selbstmedikationsmarkt in Österreich – in der Apotheke 2008
	Statistik Austria (2010a): Standard-Dokumentation Metainformation zu den Gesundheitsausgaben nach „System of Health Accounts für Österreich. Wien
Gesundheitsrelevante Bildung	OECD (2012): Education at a Glance 2012
	Salfinger-Pilz B (2010): Bildungsverhalten Erwachsener im sozialen Kontext – Erwachsenenbildungserhebung 2007 (AES)
	Statistische Nachrichten 2/2010 Statistiken des Wifi, Bfi und der Volkshochschulen nach durchgeführter Primärerhebung
	Statistik Austria (2007): Erwachsenenbildung. Ergebnisse des Adult Education Survey (AES). Wien
	Statistik Austria (2010b): Bildung in Zahlen 2008/2009. Schlüsselindikatoren und Analysen. Wien
	Statistik Austria (2011a): Bildung in Zahlen 2009/2010. Schlüsselindikatoren und Analysen. Wien
	Statistik Austria (2012d): Bildungsausgabenstatistik. Wien
	Statistik Austria (o. J.): Schulstatistik. Wien
Forschung & Entwicklung	Statistik Austria (2009): Erhebungen über Forschung und experimentelle Entwicklung (F&E) in Österreich. Statistik Austria Wien
	Technologiebericht (2012): Österreichischer Forschungs- und Technologiebericht 2012 Bericht der Bundesregierung an den Nationalrat gem. § 8 (2) FOG über die Lage und Bedürfnisse von Forschung, Technologie und Innovation in Österreich. Wien
Vermittlung und Überlassung von Arbeitskräften	Akupav (2012): Webportal Statistik der Arbeitskräfteüberlassung und privaten Arbeitsvermittlung, im Auftrag der Sektion VI, Bundesministerium für Arbeit, Soziales und Konsumentenschutz. https://akupav.eipi.at/akupav/ [zuletzt abgerufen am 05.09.2012]
Bausektor	Euroconstruct (2012): Länderreport Österreich. London
Versicherungsleistungen	HVSV (2012): Hauptverband der österreichischen Sozialversicherungsträger: Handbuch der österreichischen Sozialversicherung. Wien
	VVO (2011): Jahresbericht des Versicherungsverband Österreich 2011. Wien

Tab 5.4   (Fortsetzung)

Güter & Leistungen	Quelle
Interessensvertre-tungen	Gesund & Sozial - Zeitschrift der ÖGB-Fachgruppenvereinigung für Gesundheitsberufe 2008/4
	ÖGB (2009): Erich Foglar, Clemens Schneider. Pressekonferenz nach dem ÖGB-Bundesvorstand. Bilanz ÖGB Gesamt. 31.12.2008
	Österreichische Apothekerkammer (2012): Apotheke in Zahlen 2012
	Österreichische Ärztekammer (2008): Wahrnehmungsbericht der Österreichischen Ärztekammer für die Jahre 2007 und 2008
Beratungsdienstleis-tungen	FEACO (2011): Survey of the European Management Consultancy 2010/2011
Werbung	Gewista (2011): Überblick Werbemarkt Österreich
	Außenwerbung im Detail. Wien

5.4.2   Aufbau und Anwendung der EGW

Da als Datengrundlage Daten der Statistik Austria aus dem Jahr 2008 dienen, beziehen sich alle verwendeten Koeffizienten und Volumsangaben auf das Jahr 2008. Liegen keine Daten zu diesem Jahr vor, werden die naheliegendsten Jahre herangezogen und gegebenenfalls anhand des Wachstums in diesem Industriezweig oder anhand des BIP-Wachstums angepasst.

Entspricht die Vorleistung einer Gütergruppe der erweiterten Gesundheitswirtschaft nicht der zugewiesenen ÖCPA Gütergruppe, so wird die Vorleistungsstruktur im Rahmen der Input-Output-Tabellen angepasst. So ist etwa bei Biolebensmitteln als Anteil an der ÖCPA Gruppe Nahrungsmittel eine andere Vorleistungsstruktur gegeben, da bei Biolebensmitteln im Gegensatz zu herkömmlichen Nahrungsmitteln bei der Produktion auf Pestizide bzw. chemische Einsatzstoffe großteils verzichtet wird (siehe dazu auch Kap. 4.2).

Nachfolgende Tab. 5.5 veranschaulicht die Zuordnung und Inhalte der Güteraggregationsgruppen der erweiterten Gesundheitswirtschaft.

Tab 5.5   Aufbau der Güteraggregationsgruppen 8_G – 12_G. (Quelle: IHS HealthEcon und IHS Unternehmen, Branchen & Regionen (2013))

Güteraggregationsgruppe	CPA[a]	Gütergruppe	Relevanter Inhalt zur Aufnahme ins ÖGSK
Erweiterte Gesundheitswirtschaft			
G_8 Gesundheitswaren des Erweiterten Bereichs			
Nahrungsmittel und Getränke	01_A/E/F/G/H/I	Erzeugnisse der Landwirtschaft und Jagd, sowie damit verbundene Dienstleistungen	Beinhaltet Biolebensmittel und biologische Getränke
	10_A	Nahrungsmittel	
	10_D	Frucht- und Gemüsesäfte	
	11	Getränke	

Tab 5.5 (Fortsetzung)

Güteraggregationsgruppe	CPAᵃ	Gütergruppe	Relevanter Inhalt zur Aufnahme ins ÖGSK
Bekleidung	14	Bekleidung	Umfasst persönliche Schutzausrüstung (Schutzhelme, Schutzhandschuhe, Schutzbrillen, Schutzkleidung gegen Hitzestrahlung und Regen, Sicherheitsschuhe, Sicherheitsgurte) und Sportbekleidung (Sportschuhe, Sportbekleidung, Skianzuge, Badebekleidung)
	15_B	Schuhe	
Hygiene und Körperpflege	17_C	Haushalts-, Hygiene- und Toilettenartikel aus Zellstoff, Papier und Pappe	Beinhaltet Seifen, Wasch- und Reinigungsmittel, Hygiene und Toilettenartikel
	20_E	Seifen, Wasch-, Reinigungs- und Körperpflegemittel	
Bücher und Medien	58_A	Dienstleistungen betreffend das Verlegen von Büchern sowie Adressbüchern	
	18	H. v. Verlags- und Druckeizeugnissen	Umfasst gesundheitsrelevante Literatur, bzw. die Herstellung gesundheitsrelevanter Verlags- und Druckerzeugnisse. Beinhaltet außerdem
	59	Dienstleistungen der Herstellung, des Verleihs und Vertriebs von Filmen und Fernsehprogrammen, von Kinos und Tonstudios; Verlagsleistungen bezüglich Musik	Rundfunkveranstaltungsleistungen, Hörfunkveranstaltungsleistungen, Produktion von Fernsehsendungen sowie Produktion von Radiosendungen
	60	Rundfunkveranstaltungsleistungen	
Pharmazeutische Erzeugnisse	21	Pharmazeutische Erzeugnisse	Hier werden ausschließlich nicht registrierte OTC-Produkte wie Nahrungsergänzungsmitteln oder diätischen Lebensmitteln berücksichtigt

Tab 5.5 (Fortsetzung)

Güteraggregationsgruppe	CPA[a]	Gütergruppe	Relevanter Inhalt zur Aufnahme ins ÖGSK
Fitnessgeräte	32_C	Sportgeräte sowie Musikinstrumente und Spielwaren	Die Produktion von Sportgeräten (Ski- und Skiausrüstung und andere Wintersportausrustüng, Wasserski, Surfbretter und andere Ausrüstung fur den Wassersport, Geräte und Ausrästung fur Turnhallen und Fitnessstudios, Ball- und Freiluftsportgeräte sowie Schwimmbecken) und Fahrrädern sind dieser Gruppe zuzuschreiben
	30_F	Fahrräder sowie Behindertenfahrzeuge	

G_9 Dienstleistungen für Sport, Wellness und Tourismus

Sport	93	Dienstleistungen des Sports, der Unterhaltung und der Erholung	Hierunter fallen Sport-Dienstleistungen (Betrieb von Sportanlagen von Sportvereinen und Fitnesscentern) sowie Vermietung und Leasings von Sport- und Freizeitgeräten
	77	Dienstleistungen der Vermietung von beweglichen Sachen	
Tourismus	55	Beherbergungsdienstleistungen	Beinhaltet Sport- und Gesundheitstourismus in Bezug auf Beherbergungsdienstleistungen (Hotels, Gasthöfe, Pensionen, Ferienunterkünfte), Gastronomiediensleistungen (Restaurants, Imbissstuben, Cafes, Kantinen) sowie Dienstleistungen von Reisebüros und Reiseveranstaltern (Reservierungsdienstleistungen bzgl. Unterkünften und Beförderung sowie Besucherinformation).
	56	Gastronomiedienstleistungen	
	79	Dienstleistungen von Reisebüros und Reiseveranstaltern und sonstige Reservierungsdienstleistungen	

Tab 5.5 (Fortsetzung)

Güteraggregationsgruppe	CPA[a]	Gütergruppe	Relevanter Inhalt zur Aufnahme ins ÖGSK
Wellness	96_B	Frisör- und Kosmetikdienstleistungen	Beinhaltet Dienstleistungen von Heil-, Kur- und Thermalbädern, Saunas, Solarien und Massagezentren, sowie auch Friseur- und Kosmetikdienstleistungen (einschließlich Maniküre und Pediküre)
	96_D	Heil-, Kur- und Thermalbäder	
	96_E	Schlankheits- und Massagezentren; Solarien,Saunas, Bader a. n. g.; sonstige Dienstleistungen a. n. g.	
G_10 Sonstige Gesundheitsdienstleistungen des Erweiterten Bereichs			
Arbeitskräftevermittlung	78	Dienstleistung der Vermittlung und Uberlassung von Arbeitskräften und des Personalmanagements	Beinhaltet Dienstleistungen im Bereich Vermittlung und Überlassung von Arbeitskräften der Gesundheitsberufe.
Handel	46	Großhandelsleistungen	Beinhaltet den Groß- und Einzelhandel mit Waren des erweiterten Bereichs (siehe 8_G).
	47	Einzelhandelsleistungen	
Transport und Verkehr	49	Landverkehrsleistungen und Transportleistungen in Rohrfernleitungen	Beinhaltet den Transport- und Lagerleistungen mit Waren des erweiterten Bereichs (siehe 8_G), sowie die Personenbeförderung in Bezug auf Sport- und
	50	Schifffahrtsleistungen	Gesundheitstourismus (siehe 9_G).
	51	Luftfahrtleistungen	
	52	Lagereileistungen sowie sonstige Unterstützungsdienstleistungen fur d. Verkehr	

Tab 5.5 (Fortsetzung)

Güteraggregationsgruppe	CPA[a]	Gütergruppe	Relevanter Inhalt zur Aufnahme ins ÖGSK
Interessensvertretung	94	Dienstleistungen von Interessensvertretungen sowie kirchlichen und sonstigen religiösen Vereinigungen (ohne Sozialwesen und Sport)	Beinhaltet gesundheitsrelevante Dienstleistungen von Wirtschafts- und Arbeitgeberverbänden, Gewerkschaften, Berufsorganisationen und Arbeitnehmervereinigungen, sowie gesundheitsrelevante Vereine und Selbsthilfegruppen
ITK	61	Telekommunikationsdienstleistungen	Umfasst gesundheitsrelevante Dienstleistungen in den Bereichen IT und Telekommunikation
	62–63	Dienstleistung der EDV-Programmierung und – Beratung	
Beratungsdienste	69	Rechts-, Steuerberatungs- und Wirtschaftsprüfungs-Dienstleistungen	Beinhaltet Dienstleistungen in den Bereichen Rechtsberatung, Wirtschaftsprüfung, Buchführungsleistungen, Steuerberatung, Finanzberatung,
	70	Dienstleistungen der Unternehmensführung und -beratung	Personalberatung, für Einrichtungen des Gesundheitswesens, sowie gesundheitsrelevante Beratung für Unternehmen
Werbung	73	Werbe- und Marktforschungsleistungen	Umfasst Werbung für gesundheitsrelevante Güter oder Dienstleistungen

Tab 5.5 (Fortsetzung)

Güteraggregationsgruppe	CPA[a]	Gütergruppe	Relevanter Inhalt zur Aufnahme ins ÖGSK
G_11 Gesundheitsrelevante Ausbildung und Forschung			
	85	Erziehungs- und Unterrichtsdienstleistungen	Beinhaltet Schulen des Gesundheitswesens, Akademien, nicht universitäre tertiäre Bildung, Universitäten und Fachhochschulen und gesundheitsrelevante nicht-formale Bildung (Bsp.: VHS, WIFI), sowie Dienstleistungen im Bereich Sport- und Freizeitunterricht sowie gesundheitsrelevante Unterstutzungsdienstleistungen für den Unterricht. Forschung und Entwicklung in den Bereichen Biotechnologie, Medizin, Psychologie, Biologie und Pharmazie
	72	Forschung- und Entwicklungsleistungen	
G_12 Gesundheitsrelevante Bauleistungen			
	41	Gebäude und Hochbauarbeiten	Umfasst gesundheitsrelevante Bauleistungen in den Bereichen vorbereitenden Baustellenarbeiten, Bauinstallationsarbeiten, Ausbauarbeiten, Gebäude und Hochbauarbeiten, Dienstleistungen der Architektur- und Ingenieurbüros und der technischen, physikalischen Untersuchungen
	43	Vorbereitende Baustellenarbeiten, Bauinstallationsarbeiten und sonstige Ausbauarbeiten	
	71	Dienstleistungen von Architektur- und Ingenieurburos	

Tab 5.5 (Fortsetzung)

Güteraggregationsg ruppe	CPA[a]	Gütergruppe	Relevanter Inhalt zur Aufnahme ins ÖGSK
Einige ÖCPA Gütergruppen scheinen auch in der KGW-Auflistung auf (Tab. 5.3), da diese anteilig sowohl im KGW als auch in der EGW wirksam sind.			

[a] Je nach verfügbarer Detailtiefe wurden neben den publizierten Daten der Statistik Austria auf Zweisteller-Ebene auch Sonderauswertungs-Daten der internen Input-Output-Tabelle 2008 (IIO) der Statistik Austria herangezogen (Input-Output-Daten der Sonderauswertung der Statistik Austria liefern eine etwas genauere Abbildung (sozusagen „Zweieinhalbsteller"-Ebene). Diese „internen-IO" (IIO) Daten der Statistik Austria wurde erstmalig für die Erstellung der Input-Output-Tabelle 2008 formuliert. Während die publizierte Input-Output-Tabelle 71 Sektoren aufweist, unterscheidet die „interne IO" etwa 250 Güter- und 150 Wirtschaftssektoren. Der *Gesundheitsanteil* bezieht sich – wenn vorhanden – auf diese „Zweieinhalbsteller"-Ebene). Diese sind durch einen nachgestellten alphabetischen Code gekennzeichnet

5.5 Divergenzen

Aufbau und Struktur des ÖGSK sind aus Kompatibilitätsgründen vom deutschen GSK entlehnt. Deren Aufbau richtet sich stark nach den Hauptdatenquellen der Gesundheitsausgabenrechnung (GAR) (siehe Kap. 4.6). So wurden etwa die Bereiche Ausbildung, Forschung oder Bauinvestitionen in die EGW aufgenommen, da sich diese Ausgaben im erweiterten Bereich der GAR wiederfinden. Diese Zuordnung wird auch aus Kompatibilitätsgründen für das ÖGSK übernommen.[12]

Bei der **finanzierungsseitigen Abgrenzung** in einen Ersten Markt (ÖGSK 1. GM: Mittel der gesetzlichen Sozialversicherung und öffentliche Mittel) und in einen Zweiten Markt (ÖGSK 2. GM: private Mittel) ergeben sich zwischen dem österreichischen und dem deutschen GSK gewisse Unterschiede. Diese beruhen im Wesentlichen auf systemischen Unterschieden im Gesundheitswesen[13] – etwa Pflichtversicherung (Ö) und Versicherungsplicht mit rund 10 % privat Vollversicherten (D) – und der starken Orientierung des deutschen GSK an der GAR, welche ein solches Vorgehen überhaupt ermöglicht. Es wurden für den Zweiten Markt etwa Beträge der privaten Krankenversicherung oder private Zuzahlungen bei den Konsumausgaben der privaten Haushalte herausgerechnet (beispielsweise Rezeptgebühr oder Verpflegung und Unterkunft in stationären Pflegeeinrichtungen). Das österreichische GSK orientiert sich bei der finanzierungsseitigen Unterscheidung zwischen dem Ersten und dem Zweiten Gesundheitsmarkt am SHA bzw. am zweiten Quadranten der Input-Output-Tabelle. Daher beinhaltet der Zweite Gesundheitsmarkt der

---

[12] Strukturelle Unterschiede zum deutschen GSK ergeben sich ausschließlich bei der Zuordnung gesundheitsrelevanter Sozialleistungen für Pflegeleistungen und Leistungen für behinderte Menschen durch Nichtmarktdienstleistungen des Sozialwesens der privaten Organisationen ohne Erwerbscharakter, welche im ÖGSK gänzlich im KGW enthalten sind (BMWi 2009, S. 109).

[13] Im deutschen GSK (BMWi 2009, S. 46) wird dazu angemerkt, „dass der Teilmarkt des Zweiten Marktes, der die Zusatzversicherungen betrifft, in jedem Land anders organisiert ist. Die Berechnung muss diesen landesspezifischen Regelungen Rechnung tragen. Diese Vorgehensweise fordert auch die Berechnung der Zuzahlungen nach SHA1.0".

privaten Konsumausgaben des ÖGSK auch Rezeptgebühren, private Zuzahlungen und Ausgaben für private Krankenversicherungen (siehe Kap. 5.2.2, sowie Abb. 5.3), die in Österreich nahezu ausschließlich Zusatzversicherungscharakter haben.[14]

Divergenzen zum deutschen GSK ergeben sich bei Gruppen, die nach eingehenden Überlegungen eine gewisse Gesundheitsrelevanz aufweisen und **nicht im deutschen GSK enthalten** sind bzw. sich in einem Graubereich bewegen. Da die EGW per definitionem als eine Art gesundheitsrelevante Restgröße zum KGW fungiert, sind Grenzfälle ausschließlich hier vorzufinden. So werden, im Gegensatz zum deutschen GSK aus dem Jahr 2005, hygienische Produkte, Toilettenartikel aus Zellstoff und Papier (IIO 17_C) als gesundheitsrelevante Güter der EGW zur Hygiene und Körperpflege zugeordnet. Auch Schutzkleidung und der damit zusammenhängende Transport, Groß- und Einzelhandel dieser Güter findet – wie bei den zuvor erwähnten hygienischen Produkten – Berücksichtigung. Weitere gesundheitsrelevante Dienstleistungen, die in das ÖGSK einfließen, sind etwa die Vermittlung und Überlassung von Arbeitskräften (CPA 78), die Vermietung von beweglichen Sachen/Sportgeräten (CPA 77), die Herstellung von Fernsehprogrammen (CPA 59) wie auch Leistungen von Rundfunkveranstaltern (CPA 60).[15] Zusätzlich wurden aufgrund ihrer zukünftigen Bedeutung gesundheitsrelevante Telekommunikationsdienstleistungen (CPA 61) in das ÖGSK aufgenommen. Ausgaben für Forschung und Entwicklung werden im deutschen GSK dem Wirtschaftssektor, dem Hochschulsektor und dem Staatssektor zugeordnet. Die Ausgaben für Forschung und Entwicklung aus dem Unternehmenssektor werden dabei als Vorleistung ausgeklammert (BMWi 2009, S. 181), sind jedoch im österreichischen GSK enthalten.

Divergenzen ergeben sich auch durch einige wenige Leistungen, die im deutschen GSK enthalten sind und die aufgrund des geringen gesundheitsrelevanten Volumens und aufgrund von Datenmängeln bzw. Erhebungsschwierigkeiten **nicht ins österreichische GSK aufgenommen werden**. Dazu zählen etwa gesundheitsrelevante Taxifahrten, die aufgrund des geringen Volumens und der eingeschränkten Datenverfügbarkeit nicht im ÖGSK berücksichtigt werden. Güter, die im ÖGSK ebenfalls keine Berücksichtigung finden, sind Desinfektionsmittel. Diese scheinen zwar in der Beschreibung des deutschen GSK zur EGW auf, deren Gesamtwert zur Aufnahme in die EGW wird in weiterer Folge von den Verfassern jedoch auf Null gesetzt.[16] Im deutschen GSK wird der Koeffizient der Desinfektion über die Gütermatrix approximiert und der gesundheitsrelevante Anteil der

---

[14] Ausnahmen bilden etwa Ärzte oder Notare. Diese haben die Möglichkeit eines *opting-out* aus der Sozialversicherung und können sich stattdessen privat versichern lassen.

[15] Güter und Leistungen, die Grenzfälle der erweiterten Gesundheitswirtschaft bilden und in ein Gesundheitssatellitenkonto einfließen könnten, sind etwa (Objekt-) Reinigung und Wäscherei oder die Behandlung gefährlicher (medizinischer) Abfälle. Zusätzliche ließe sich wie im System of Health Accounts eigenständig ausgewiesen, der Krankentransport und Rettungsdienst als eigene Dienstleistungsgruppe in einem GSK darstellen, dies würde jedoch eine grobe Abweichung von der Struktur des deutschen GSK bedeuten.

[16] Zum Gesundheitskoeffizient der Unternehmensberatung wird im deutschen GSK darauf hingewiesen, dass dieser theoretische Natur ist, da es keine Letztverwendung in der Gütergruppe gibt (BMWi 2009, S. 181).

Vorleistung als Annäherung auf die Letztverwendung übertragen (BMWi 2009, S. 182).[17] In den Bereichen Nahrungsmittel und Bekleidung werden im ÖGSK Biolebensmittel, sowie Sport- und Schutzbekleidung berücksichtigt, wohingegen im deutschen GSK *functional food* und *functional clothing* angegeben werden.

Nachfolgende Tab. 5.6 soll verbleibende Gruppen veranschaulichen, die aufgrund von Unterschieden in der Datenverfügbarkeit, Differenzen der Code-Klassifizierungen (SIO-Code und ÖCPA-Code) sowie aufgrund des geringen Volumens und dem Vorleistungscharakter neben den zuvor erwähnten Gruppen nicht im österreichischen GSK enthalten sind. In Tab. 5.6 stehen links die Güter des deutschen GSK gemäß SIO-Code und rechts die entsprechenden, zugeordneten Güter aus der österreichischen ÖCPA-Liste.[18]

Tab 5.6 GSK Differenzen (SIO- und ÖCPA-Code). (Quelle: IHS HealthEcon und IHS Unternehmen, Branchen & Regionen (2013))

Deutschland		Österreich	
SIO-Code	Definition	ÖCPA-Code	Definition
26152300	Glaswaren für Laboratorien	C231923	Ampullen zu Transport- oder Verpackungszwecken; Glaswaren für Laboratorien; hygienische oder pharmazeutische Bedarfsartikel aus Glas
29211400	Teile für Brenner, Industrie- u. Laboratoriumsöfen	C282114	Teile für Brenner, Industrie- und Laboratoriumsöfen, Verbrennungsöfen, Induktionsöfen u. Ä.
29242130	Masch. zum Reinigen, Trocknen oder Sterilisieren	C282921	Maschinen z. Reinigen, Trocknen, Füllen u. ä. v. Flaschen u. ä.; Masch. z. Verpacken von Waren
31599999	Sonst. Güter d. H. v. elektr. Lampen u. Leuchten	C231921	Offene Glaskolben, Glasrohre und Glasteile dafür, für elektrische Lampen, Kathodenstrahlröhren oder dergleichen
33205100	Dichtemesser u. ä. schwimmende Instrumente	C265151	Dichtemesser u. ä. schwimmende Instrumente, Thermometer, Pyrometer, Barometer, Hygrometer und Psychrometer (auch mit Registriervorrichtung, auch kombiniert)
33205300	Instrum. u. App. für physikal. od. chem. Unters.	C265153	Instrumente und Apparate für physikalische oder chemische Untersuchungen a. n. g.

---

[17] In der ÖCPA scheint die Desinfektion unter Pflanzenschutzmitteln und Schädlingsbekämpfungsmittel als Unterkategorie auf Sechssteller-Ebene auf.

[18] Im deutschen GSK wurde der Gesundheitsanteil der in Tab. 5.6 angeführten Güter auf Grund der fehlenden Datengrundlage vom Projektteam auf 90 % geschätzt.

Literatur

Bundesministerium für Wirtschaft und Technologie Deutschland (BMWi). (2009). Erstellung eines Satellitenkontos für die Gesundheitswirtschaft in Deutschland. Abschlussbericht 30. November 2009. Berlin.

Bundesministerium für Wirtschaft und Technologie Deutschland (BMWi). (2012a). Nutzung und Weiterentwicklung des deutschen Gesundheitssatellitenkontos zu einer Gesundheitswirtschaft-lichen Gesamtrechnung (GGR). Unterlage zur Vorbereitung des Expertenworkshops am 15. Mai 2012 (unveröffentlicht).

Pratscher, H. (2000). Sportverhalten in Österreich. *Journal für Ernährungsmedizin, 2* (5), 18–23.

Statistik Austria. (2010a). *Standard-Dokumentation Metainformation zu den Gesundheitsausgaben nach „System of Health Account" für Österreich.* Wien: Statistik Austria.

VVO. (2011). *Jahresbericht des Versicherungsverbands Österreich 2011.* Wien.

Ergebnisse

6

Im Folgenden werden die Ergebnisse der Input-Output-Analyse des österreichischen GSK präsentiert. Zur Beschreibung ökonomischer Indikatoren, wie Bruttowertschöpfung oder induzierte Effekte, siehe Kap. 4.1.7 ab Seite 38. Abschließendes Kap. 7 (S. 114) liefert weiterführend eine zusammenfassende Betrachtung und Einschätzung der Gesundheitswirtschaft.

6.1 Eckwerte des ÖGSK

In Tab. 6.1 werden die in Österreich erzielten ökonomischen Wirkungen durch die Gesundheitswirtschaft im Jahr 2008 abgebildet.

Die durch die Gesundheitswirtschaft generierte Bruttowertschöpfung lag 2008 in Österreich bei insgesamt € 41,6 Mrd., wovon rund € 26 Mrd. auf die direkten Effekte entfielen, € 9,5 Mrd. auf die indirekten und € 6,1 Mrd. auf die induzierten Effekte.

Durch die Ausgaben und Exporte im Gesundheitssektor wurden insgesamt rund 806 Tsd. Arbeitsplätze in Personenjahren gesichert, was rund 638 Tsd. Arbeitsplätzen in Vollzeitäquivalenten entspricht.

Die gesamten Steuern und Abgaben beliefen sich auf insgesamt € 15 Mrd. in Österreich, wobei der Sozialversicherung mit rund € 8 Mrd. mehr als die Hälfte dieser Einnahmen zukam. Der Bund erhielt € 4,9 Mrd., die Länder etwas mehr als € 1 Mrd. und die Gemeinden € 1,2 Mrd.

© Springer Fachmedien Wiesbaden 2015
T. Czypionka et al., *Gesundheitswirtschaft Österreich*,
DOI 10.1007/978-3-658-08772-2_6

6.2 Produktionswert, Wertschöpfung und Beschäftigte durch direkte Effekte

Tab. 6.1 Gesamtdarstellung der ökonomischen Wirkungen durch Ausgaben und Exporte im Gesundheitssektor im Jahr 2008. (Quelle: IHS HealthEcon und IHS Unternehmen, Branchen & Regionen (2013))

	Direkt	Indirekt	Induziert	Gesamt
Bruttowertschöpfung in Mio. Euro				
Österreich	25.961	9.518	6.085	*41.564*
Beschäftigungseffekte in Personenjahren				
Österreich	568.708	143.790	93.420	*805.918*
Beschäftigungseffekte in Vollzeitäquivalenten				
Österreich	443.732	117.973	76.515	*638.220*
Sozialversicherung (SV) und Steuern in Mio. Euro				
SV	5.485	1.550	979	*8.014*
Bund	2.473	791	1.635	*4.899*
Lander	505	163	338	*1.006*
Gemeinden	666	203	295	*1.163*
Gesamt	*9.129*	*2.706*	*3.247*	*15.082*

Es folgen detaillierte Ergebnisse zu den Analysen der zwölf Gesundheitssektoren. In Tab. 6.2 sind die direkten Effekte der zwölf Gesundheitswirtschaftssektoren für das Jahr 2008 ersichtlich. Bei den direkten Effekten werden die Bruttowertschöpfung (BWS), der Bruttoproduktionswert (BPW), die Beschäftigtenanzahl in Personen sowie weiters die Bruttowertschöpfung pro Beschäftigten in Vollzeitäquivalenten beschrieben. Die Ergebnisse der Gesundheitswirtschaftssektoren sind einzeln als auch in den Aggregaten KGW (Kernbereich der Gesundheitswirtschaft) und EGW (Erweiterte Gesundheitswirtschaft) sowie in deren Anteilen an der Gesamtwirtschaft abgebildet. So beträgt die direkte Bruttowertschöpfung für die gesamte Gesundheitswirtschaft € 26 Mrd. Der KGW weist eine Bruttowertschöpfung von € 19,1 Mrd. auf, was einem Anteil von 7,44 % der direkten Bruttowertschöpfung der Gesamtwirtschaft entspricht. Die EGW liegt bei € 6,9 Mrd. oder 2,69 % der gesamtwirtschaftlichen Wertschöpfung aus direkten Effekten. Den höchsten direkten Wertschöpfungsanteil innerhalb der Gesundheitswirtschaft weisen die Dienstleistungen stationärer Einrichtungen (G_5) mit € 8,8 Mrd. auf. Der Bruttoproduktionswert der gesamten Gesundheitswirtschaft beträgt € 45,1 Mrd. Die direkten Beschäftigungseffekte zeigen, dass die Gesundheitswirtschaft insgesamt 568.708 Arbeitsplätze generieren konnte, was 443.732 VZÄ entspricht. Der größte Anteil fällt auch hier auf den Gesundheitswirtschaftssektor Dienstleistungen stationärer Einrichtungen (G_5) des KGW mit 220.344 Beschäftigten oder 166.056 VZÄ.

Tab. 6.2 Direkte Effekte der 12 Gesundheitswirtschaftssektoren 2008. (Quelle: IHS HealthEcon und IHS Unternehmen, Branchen & Regionen (2013))

Gesundheitssektoren	BWS in Mio. €	BPW in Mio. €	Beschäf-tigte	BWS/Besch.	BWS/VZÄ
G_1 Pharmazeutische Produkte	1.043	2.195	6.317	165.153	176.426
G_2 Medizintechnische Produkte	498	1.485	7.202	69.185	75.626
G_3 Einzelhandelsleistungen des Kernbereichs	1.038	1.622	32.889	31.563	40.924
G_4 Krankenversicherungs- und sonstige Verwaltungsleistungen	956	1.654	12.936	73.882	82.695
G_5 Dienstleistungen stationärer Einrichtungen	8.754	13.603	220.344	39.729	52.718
G_6 Dienstleistungen nicht stationärer Einrichtungen	4.709	7.221	109.849	42.872	56.790
G_7 Sonstige Dienstleistungen des Kernbereichs	2.064	3.606	20.818	99.132	111.509
G_8 Gesundheitswaren des Erweiterten Bereichs	853	2.813	26.452	32.264	41.031
G_9 Dienstleistungen f. Sport, Fitness & Wellness, Gesundheitstourismus	2.301	4.023	55.956	41.116	52.458
G_10 Sonstige Gesundheitswaren des erweiterten Bereichs	2.280	4.232	48.301	47.196	59.239
G_11 Gesundheitsrelevante Ausbildung und Forschung	905	1.413	19.068	47.459	56.857
G_12 Gesundheitsrelevante Bauinvestitionen	560	1.262	8.577	65.262	72.115
KGW	19.063	31.386	410.355	46.454	60.151
EGW	6.898	13.742	158.353	43.563	54.397
GW gesamt	25.961	45.128	568.708	45.649	58.506
Gesamtwirtschaft	256.194	549.477	4.240.265	60.419	72.823
Anteil KGW	7,44%	5,71%	9,68%		
Anteil EGW	2,69%	2,50%	3,73%		
Anteil GW gesamt	10,13%	8,21%	13,41%		

In Tab. 6.3 (S. 94) sind diverse Indikatoren der einzelnen Gesundheitswirtschaftssektoren für das Jahr 2008 ersichtlich.

Zur Veranschaulichung stellt Abb. 6.1 die Produktivität der einzelnen Sektoren des KGW (hellgraue Balken) und der EGW (dunkelgraue Balken) der Gesundheitswirtschaft dar, die durch die Bruttowertschöpfung pro Beschäftigten ausgedrückt wird.

Abbildung 6.2 stellt die Produktivität des KGW, der EGW sowie der gesamten österreichischen Gesundheitswirtschaft dar. Diese berechnet sich durch die Bruttowertschöpfung pro Beschäftigtem. Die gesamte Gesundheitswirtschaft weist mit einer Bruttowertschöpfung von € 45.649 pro Beschäftigtem im Vergleich drei Viertel der Produktivität der gesamten Wirtschaft auf (€ 60.419, Tab. 6.2).[1]

---

[1] Dies erklärt sich unter anderem durch die hohe Anzahl an gemeinwirtschaftlicher Aktivitäten (keine Gewinne).

Tab. 6.3 Kennzahlen der 12 Gesundheitswirtschaftssektoren in Mio. Euro für das Jahr 2008 Anmerkungen: *POE* private Organisationen ohne Erwerbszweck. (Quelle: IHS HealthEcon und IHS Unternehmen, Branchen & Regionen (2013))

in Mio. €	empfangene Vorleistungen	liefernde Vorleistungen	Konsum-ausgaben privater Haushalte	Konsum-ausgaben des Staates	Konsum-ausgaben POE	Exporte	Importe	Außenhandels-bilanz	Investitionen inkl. Vorrats-veränderungen	Endnachfrage	Aufkommen
G_1 Pharmazeutische Produkte	1.145	1.246	419	1.280	0	3.260	4.055	-795	46	5.004	6.250
G_2 Medizintechnische Produkte	978	774	193	298	0	1.100	1.279	-179	398	1.989	2.764
G_3 Einzelhandelsleistungen des Kernbereichs	572	95	1.012	411	0	0	0	0	103	1.527	1.622
G_4 Krankenversicherungs- und sonst. Verwaltungsleistungen	644	363	532	685	0	119	45	74	1	1.336	1.699
G_5 Dienstleistungen stationärer Einrichtungen	4.380	375	2.351	10.774	33	159	88	70	0	13.316	13.691
G_6 Dienstleistungen nicht stationärer Einrichtungen	2.259	474	2.213	4.390	130	37	22	15	0	6.769	7.243
G_7 Sonstige Dienstleistungen des Kernbereichs	1.519	1.623	235	486	0	1.122	113	1.008	254	2.096	3.719
G_8 Gesundheitswaren des Erweiterten Bereichs	1.949	1.496	1.719	97	0	1.582	2.161	-579	80	3.478	4.973
G_9 Dienstleistungen für Sport, Fitness & Wellness, Tourismus	1.668	881	2.794	152	7	721	531	190	0	3.673	4.554
G_10 Sonstige Gesundheitswaren des erweiterten Bereichs	1.899	1.947	1.291	226	189	619	286	334	246	2.571	4.518
G_11 Gesundheitsrelevante Ausbildung und Forschung	486	661	43	465	20	542	322	220	3	1.073	1.734
G_12 Gesundheitsrelevante Bauinvestitionen	698	345	24	2	0	30	18	13	878	934	1.280
KGW	11.497	4.950	6.955	18.322	163	5.796	5.603	193	802	32.038	36.988
EGW	6.699	5.330	5.871	941	215	3.494	3.316	178	1.207	11.729	17.059
GW gesamt	18.197	10.280	12.826	19.263	378	9.290	8.919	371	2.010	43.767	54.047
Gesamtwirtschaft	293.283	293.283	151.883	52.762	3.865	154.757	144.980	9.777	64.458	427.726	721.008
Anteil KGW	3,92%	1,69%	4,58%	34,73%	4,21%	3,75%	3,86%	1,98%	1,24%	7,49%	5,13%
Anteil EGW	2,28%	1,82%	3,87%	1,78%	5,57%	2,26%	2,29%	1,82%	1,87%	2,74%	2,37%
Anteil GW gesamt	6,20%	3,51%	8,44%	36,51%	9,78%	6,00%	6,15%	3,80%	3,12%	10,23%	7,50%

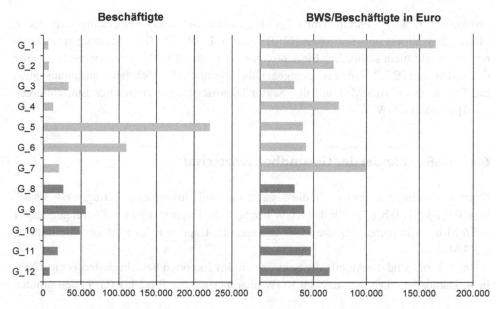

Abb. 6.1 Produktivität in der Gesundheitswirtschaft nach Bruttowertschöpfung pro Beschäftigten für 2008. (Quelle: IHS HealthEcon und IHS Unternehmen, Branchen & Regionen (2013))

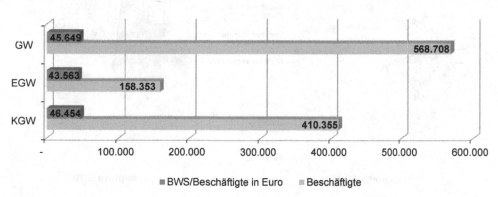

Abb. 6.2 Produktivität von KGW und EGW nach Bruttowertschöpfung pro Beschäftigten 2008 Anmerkung: *GW* Gesundheitswirtschaft gesamt. (Quelle: IHS HealthEcon und IHS Unternehmen, Branchen & Regionen (2013))

6.3 Verflechtung der Gesundheitswirtschaft

Tabelle 6.3 stellt wichtige Kennzahlen der zwölf Gesundheitssektoren dar. Der KGW empfing Vorleistungen im Ausmaß von € 11,5 Mrd. und die EGW im Ausmaß von € 6,7 Mrd., insgesamt demnach € 18,2 Mrd. im Gegensatz zu € 10,3 Mrd. gelieferte Vorleistungen der gesamten Gesundheitswirtschaft. Die höchsten Konsumausgaben privater Haushalte der insgesamt € 12,8 Mrd. entfallen mit € 2,8 Mrd. auf den Bereich Dienstleistungen für Sport, Fitness & Wellness und Tourismus (G_9) aus dem EGW. Für Dienstleistungen stationärer (G_5) und nicht stationärer Einrichtungen (G_6) des KGW gaben private Haushalte € 2,4 Mrd. bzw. € 2,2 Mrd. aus. Demgegenüber entfallen die höchsten Konsumausgaben des Staates mit € 10,8 Mrd. auf den Sektor Dienstleistungen stationärer Einrichtungen (G_5) aus dem KGW.

6.4   Außenhandel der Gesundheitswirtschaft

Exporte bzw. Importe aus bzw. in die gesamte Gesundheitswirtschaft betragen € 9,3 Mrd. bzw. € 8,9 Mrd (Tab. 6.3). Für den KGW betragen die Exporte rund € 5,8 Mrd. gegenüber € 5,6 Mrd. an Importen. Für die EGW betragen die Exporte € 3,5 Mrd. und die Importe € 3,3 Mrd.

In Abb. 6.3 sind die Anteile der Sektoren an den Exporten bzw. Importen veranschaulicht. Daraus ist erkennbar, dass im KGW pharmazeutische Produkte (G_1) den größten

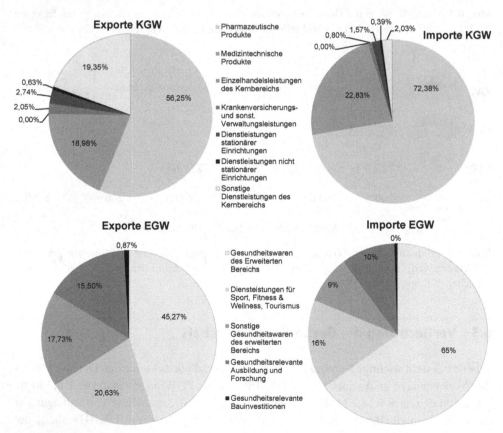

Abb. 6.3 Export und Importe der GSK Sektoren nach Gütergruppen. (Quelle: IHS HealthEcon und IHS Unternehmen, Branchen & Regionen (2013))

Anteil mit 56,2 % bei den Exporten bzw. 72,4 % bei den Importen ausmachen. In der EGW sind es die Gesundheitswaren des erweiterten Bereichs (G_8) mit 45,3 % der Exporte bzw. 65 % der Importe.

6.5 Direkte, indirekte und induzierte Effekte

Für die Gesamteffekte (direkte, indirekte und induzierte Effekte) der Gesundheitswirtschaft sind die Bruttowertschöpfung, die Beschäftigteneffekte in Personen und VZÄ, sowie Bruttowertschöpfung pro Beschäftigtem in VZÄ angegeben (Tab. 6.4). Betrachtet man die Gesamteffekte im Vergleich mit den direkten Effekten aus Tab. 6.1 (S. 89), so ist erkennbar, dass die direkten Effekte mehr als die Hälfte der Gesamteffekte der Gesundheitswirtschaft in absoluten Werten bei den Indikatoren Bruttowertschöpfung (€ 41,6 Mrd. gesamt zu knapp € 26 Mrd. direkt) und den Beschäftigteneffekten (638.220 VZÄ gesamt zu 443.732 VZÄ direkt) ausmachen. Die Effekte einzelner Sektoren dürfen nicht summiert werden, da es aufgrund von Vorleistungsverflechtungen entlang der Wertschöpfungskette

Tab. 6.4 Gesamteffekte der 12 Gesundheitswirtschaftssektoren (direkt, indirekt und induziert). (Quelle: IHS HealthEcon und IHS Unternehmen, Branchen & Regionen (2013))

		BWS in Mio. €	Beschäftigte	VZÄ	BWS/ Besch.	BWS/VZÄ
G_1	Pharmazeutische Produkte	1.488	12.433	11.048	119.661	134.665
G_2	Medizintechnische Produkte	944	13.532	11.897	69.752	79.340
G_3	Einzelhandelsleistungen des Kernbereichs	1.732	42.061	32.895	41.180	52.654
G_4	Krankenversicherungs- und sonstige Verwaltungsleistungen	1.677	22.756	19.612	73.708	85.527
G_5	Dienstleistungen stationärer Einrichtungen	13.451	304.403	234.032	44.189	57.476
G_6	Dienstleistungen nicht stationärer Einrichtungen	7.594	137.400	106.382	55.273	71.388
G_7	Sonstige Dienstleistungen des Kernbereichs	3.420	40.171	34.525	85.147	99.071
G_8	Gesundheitswaren des Erweiterten Bereichs	1.977	48.010	38.234	41.171	51.698
G_9	Dienstleistungen f. Sport, Fitness & Wellness, Gesundheitstourismus	3.634	77.534	61.483	46.872	59.108
G_10	Sonstige Gesundheitswaren des erweiterten Bereichs	4.184	79.521	63.858	52.612	65.516
G_11	Gesundheitsrelevante Ausbildung und Forschung	1.433	27.548	22.851	52.026	62.720
G_12	Gesundheitsrelevante Bauinvestitionen	1.131	17.687	15.460	63.918	73.124
	KGW	29.839	566.053	444.858	52.713	67.075
	EGW	11.923	243.206	196.081	49.026	60.808
	GW gesamt	41.564	805.918	638.220	51.573	65.124
	Gesamtwirtschaft	256.194	4.240.265	3.518.057	60.419	72.823
	Anteil KGW	11,65%	13,35%	12,64%		
	Anteil EGW	4,65%	5,74%	5,57%		
	Anteil GW gesamt	16,22%	19,01%	18,14%		

Tab. 6.5 Gesamteffekte der Gesundheitswirtschaft gegliedert nach direkten, indirekten und induzierten Wirkungen. (Quelle: IHS HealthEcon und IHS Unternehmen, Branchen & Regionen (2013))

	direkt		indirekt		induziert		gesamt
BWS in Mio. €	25.961,1	62,5%	9.518,1	22,9%	6.084,6	14,6%	41.563,7
Beschäfigte	568.708	70,6%	143.790	17,8%	93.420	11,6%	805.918
VZÄ	443.732	69,5%	117.973	18,5%	76.515	12,0%	638.220
Steuern in Mio. €	9.129,4	60,5%	2.705,7	17,9%	3.246,9	21,5%	15.082,0
SV	5.484,9	68,4%	1.549,6	19,3%	979,3	12,2%	8.013,8
Bund	2.473,4	50,5%	790,7	16,1%	1.634,7	33,4%	4.898,9
Länder	505,4	50,2%	162,6	16,2%	338,0	33,6%	1.006,0
Gemeinden	665,6	57,2%	202,8	17,4%	294,9	25,4%	1.163,3

andernfalls zu Doppelzählungen käme, weshalb diese eigens getrennt berechnet und ausgewiesen sind.[2]

In Tab. 6.5 sind die Gesamteffekte gegliedert nach direkten, indirekten und induzierten Effekten für die genannten Indikatoren sowie explizit für die Körperschaften nochmals übersichtlich dargestellt. Es ist erkennbar, dass von der gesamten Bruttowertschöpfung mit € 41,6 Mrd. rund 62,5 % durch direkte Effekte der Gesundheitswirtschaft erwirtschaftet wurden, 22,9 % indirekt und 14,6 % induziert. Auch über die anderen Indikatoren sind die direkten Effekte anteilsmäßig am höchsten.

Wie sich die durch die Gesundheitswirtschaft bewirkten Steuern und Abgaben auf die empfangenden Körperschaften der Sozialversicherung (SV), den Bund, Länder und Gemeinden aufteilen, ist ebenfalls aus Tab. 6.5 ersichtlich. Den größten absoluten Wert aus direkten Effekten erzielt die SV mit rund € 5,5 Mrd., danach der Bund mit € 2,5 Mrd. Insgesamt gehen rund 53 % bzw. € 8 Mrd. der gesamten Steuern und Beiträge an die Sozialversicherung. Die Verteilung der Indikatoren auf direkte, indirekte und induzierte Effekte ist in Abb. 6.4 ersichtlich.

---

[2] Zu beachten gilt, dass der wirtschaftliche Effekt der gesamten Gesundheitswirtschaft geringer ist als die Summe der Effekte der Gesundheitswirtschaftsbereiche. Dies liegt daran, dass Teile der getätigten Produktionen einzelner Gesundheitsbereiche Vorleistungen für andere Gesundheitsbereiche sind. Zu den Effekten zählen die indirekten Effekte, die im Wesentlichen die Vorleistungen von anderen Bereichen umfassen. Liefert nun ein Bereich A Vorleistungen für einen anderen Bereich B und benötigt dieser Bereich A dafür Vorleistungen „von außen", so werden diese „externen Vorleistungen" im Falle einer Gesamtevaluation richtigerweise nur einmal, als indirekte Effekte, erfasst. Werden jedoch A und B getrennt evaluiert, werden diese „externen Vorleistungen" zweimal erfasst: einmal als indirekte Effekte von A und einmal als Teil der indirekten Effekte von B. Die Vorleistungen von A für B stellen im Falle einer Gesamtevaluation einen Teil der indirekten Effekte dar. Bei einer getrennten Evaluation von A und B, treten diese ebenfalls zweimal in Erscheinung – einmal als direkte Effekte von A und einmal als Teil der indirekten Effekte von B.

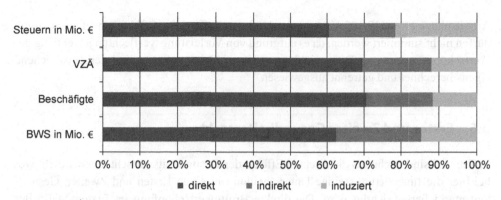

Abb. 6.4 Direkte, indirekte und induzierte Effekte. (Quelle: IHS HealthEcon und IHS Unternehmen, Branchen & Regionen (2013))

Im Folgenden wird auf das für die heimische Produktion notwendige Importaufkommen der zwölf Gesundheitssektoren eingegangen (entspricht nicht dem Import gesundheitsrelevanter Güter zur Bedienung der Endnachfrage). Wie aus Tab. 6.6 ersichtlich, sind insgesamt durch importierte Leistungen der österreichischen Gesundheitswirtschaft rund € 9 Mrd. an Bruttowertschöpfung im Ausland entstanden. Außerdem wurden 141.350

Tab. 6.6 Notwendige Auslandsleistungen für die Produktion der heimischen Gesundheitswirtschafts (= ausländische Vorleistungen). (Quelle: IHS HealthEcon und IHS Unternehmen, Branchen & Regionen (2013))

		BWS in Mio. €	Beschäftigte	VZÄ
G_1	Pharmazeutische Produkte	932	12.681	10.746
G_2	Medizintechnische Produkte	802	12.606	10.739
G_3	Einzelhandelsleistungen des Kernbereichs	185	2.842	2.400
G_4	Krankenversicherungs- und sonstige Verwaltungsleistungen	256	3.926	3.332
G_5	Dienstleistungen stationärer Einrichtungen	2.726	39.096	33.334
G_6	Dienstleistungen nicht stationärer Einrichtungen	947	14.645	12.447
G_7	Sonstige Dienstleistungen des Kernbereichs	736	10.920	9.190
G_8	Gesundheitswaren des Erweiterten Bereichs	1.260	23.115	19.073
G_9	Diensteistungen für Sport, Fitness und Wellness, Gesundheitstourismus	892	16.076	13.241
G_10	Sonstige Gesundheitswaren des erweiterten Bereichs	758	12.805	10.641
G_11	Gesundheitsrelevante Ausbildung und Forschung	345	6.098	5.099
G_12	Gesundheitsrelevante Bauinvestitionen	342	5.479	4.644
	KGW	6.241	91.660	77.941
	EGW	3.207	57.071	47.314
	GW gesamt	9.039	141.350	119.195

Arbeitsplätze bzw. 119.195 VZÄ im Ausland geschaffen. Die Effekte einzelner Sektoren dürfen nicht summiert werden, da es aufgrund von Vorleistungsverflechtungen entlang der Wertschöpfungskette zu Doppelzählungen käme; Gesamteffekte sind dementsprechend eigens berechnet und getrennt ausgewiesen.[3]

6.6 Erster und Zweiter Gesundheitsmarkt

In Tab. 6.7 sind nochmals die direkten Effekte der Gesundheitswirtschaft ersichtlich, wobei hier die finanzierungsseitige Unterscheidung in einen Ersten und Zweiten Gesundheitsmarkt berücksichtigt wird. Die direkte Bruttowertschöpfung im Ersten Markt des KGW beläuft sich auf € 14,5 Mrd., was rund 56 % der direkten Bruttowertschöpfung der gesamten Gesundheitswirtschaft (rund € 26 Mrd., Tab. 6.5) ausmacht. Insgesamt beläuft sich anteilsmäßig mehr als die Hälfte der direkten Effekte auf den Ersten Markt der KGW.

Im Gegensatz zu Tab. 6.7, in der nur die direkten Effekte der Gesundheitswirtschaft ausgewiesen wurden, sieht man in Tab. 6.8 die Gesamteffekte der Gesundheitswirtschaft gegliedert nach KGW bzw. EGW sowie für Ersten und Zweiten Markt.

Tab. 6.7 Direkte Effekte der Gesundheitswirtschaft nach Erstem und Zweitem Markt für KGW und EGW. (Quelle: IHS HealthEcon und IHS Unternehmen, Branchen & Regionen (2013))

	direkt								gesamt	
	KGW				EGW					
	1. Markt		2. Markt		1. Markt		2. Markt		1. Markt	2. Markt
BWS in Mio. €	14.477	56%	4.586	18%	1.267	5%	5.632	22%	15.744	10.217
Beschäftigte	318.140	56%	92.219	16%	27.011	5%	131.342	23%	345.151	223.560
VZÄ	244.986	55%	71.933	16%	22.180	5%	104.636	24%	267.166	176.569
Abgaben in Mio. €	5.311	58%	1.653	18%	513	6%	1.653	18%	5.824	3.306

Tab. 6.8 Gesamteffekte der Gesundheitswirtschaft (direkt, indirekt und induziert) gegliedert nach Erstem und Zweitem Markt für KGW und EGW. (Quelle: IHS HealthEcon und IHS Unternehmen, Branchen & Regionen (2013))

	direkt, indirekt und induziert								gesamt	
	KGW				EGW					
	1. Markt		2. Markt		1. Markt		2. Markt		1. Markt	2. Markt
BWS in Mio. €	22.582	54%	7.257	17%	2.048	5%	9.875	24%	24.630	17.132
Beschäftigte	435.591	54%	130.467	16%	39.681	5%	203.524	25%	475.273	333.991
VZÄ	341.530	53%	103.331	16%	32.536	5%	163.546	26%	374.066	266.877
Abgaben in Mio. €	8.481	56%	2.676	18%	826	5%	3.171	21%	9.307	5.848

---

[3] Siehe vorige Fußnote.

6.7 Wertschöpfungskomponenten der Gesundheitswirtschaft

Tabelle 6.9 beschreibt die Anteile der Wertschöpfungskomponenten Personalkosten, Abschreibungen und des Netto-Betriebsüberschusses der österreichischen Wirtschaft an der gesamten Wertschöpfung für die drei Bereiche KGW, EGW und NGW. Demnach tragen die Personalkosten in allen drei Bereichen den größten Anteil, mehr als die Hälfte, zur Wertschöpfung bei. Abbildung 6.5 zeigt die Verteilung der Anteile für KGW und EGW graphisch auf einen Blick.

Tab. 6.9 Anteil der Wertschöpfungskomponenten an der Wertschöpfung. (Quelle: IHS HealthEcon und IHS Unternehmen, Branchen & Regionen (2013))

	Personalkosten (%)	Abschreibungen (%)	Netto-betriebsüber-schuss (%)
KGW	69,99	8,47	21,54
EGW	54,09	9,79	36,13
NGW	53,49	18,08	28,43

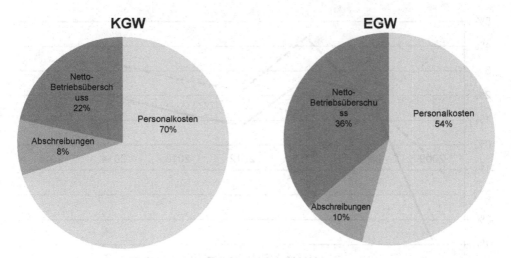

Abb. 6.5 Wertschöpfungskomponenten der Gesundheitswirtschaft 2008. (Quelle: IHS HealthEcon und IHS Unternehmen, Branchen & Regionen (2013))

6.8 Prognose

In Abb. 6.6 wird die prognostizierte Entwicklung der Wertschöpfung des KGW, der EGW und des BIP abgebildet. Daraus ist ersichtlich, dass die Entwicklung der EGW nach 2010 stark mit der Entwicklung der Gesamtwirtschaft (BIP) korreliert. Das Wachstum der Wertschöpfung der EGW liegt zwischen 2011 und 2015 konstant mehr als einen Prozentpunkt über dem Wachstum der Gesamtwirtschaft. Dagegen ist die Entwicklung des KGW weniger abhängig von der Entwicklung der Gesamtwirtschaft. Im Krisenjahr 2009 wies der KGW die höchsten Wachstumsraten aus.

In Abb. 6.7 wird die Prognose der Wertschöpfung für die einzelnen zwölf Gesundheitssektoren abgebildet. Die Balken G_1 bis G_7 bilden den KGW ab, die Balken G_8 bis G_12 die EGW.

Tabelle 6.10 weist die Anteile des KGW und der EGW an der Gesamtwirtschaft aus. Demnach wächst der Anteil des KGW an der Gesamtwirtschaft von 7,44 % im Jahr 2008 auf 7,92 % im Jahr 2015. Der Anteil der EGW an der Gesamtwirtschaft steigert sich im gleichen Zeitraum von 2,69 auf 2,97 %.

In Tab. 6.11 sind die jährlichen durchschnittlichen realen Wachstumsraten der Bruttowertschöpfung (BWS) und der Vollzeitäquivalente (VZÄ) zwischen 2008 und 2015 für die zwölf Gesundheitssektoren abgebildet. Demnach ist das durchschnittliche Wachstum

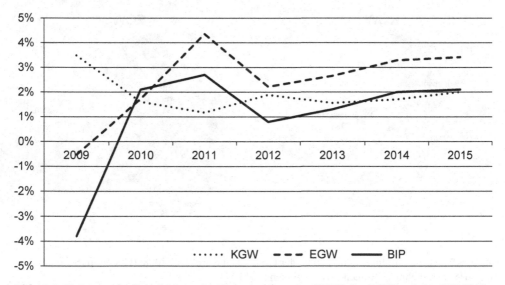

Abb. 6.6 Prognose der Entwicklung der Wertschöpfung des KGW, der EGW und des BIP 2008–2015. (Quelle: IHS HealthEcon und IHS Unternehmen, Branchen & Regionen (2013))

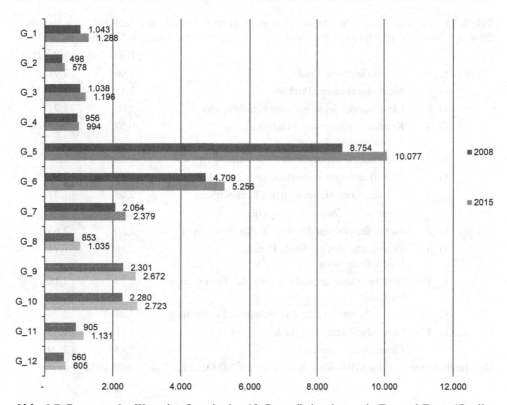

Abb. 6.7 Prognose der Wertschöpfung in den 12 Gesundheitssektoren in Tausend Euro. (Quelle: IHS HealthEcon und IHS Unternehmen, Branchen & Regionen (2013))

Tab. 6.10 Anteile der KGW und EGW an der Gesamtwirtschaft (Wertschöpfung). (Quelle: IHS HealthEcon und IHS Unternehmen, Branchen & Regionen (2013))

	Anteil 2008 (%)	Anteil 2015 (%)	Wachstum 2008–2015 (%)
KGW	7,44	7,92	6,46
EGW	2,69	2,97	10,35
Summe KGW und EGW	10,13	10,89	7,50

in der EGW höher als im KGW, das durchschnittliche Wachstum beider liegt jedoch deutlich über dem des BIP (1,03 %).[4]

---

[4] Hierbei ist jedoch der Effekt des Krisenjahres auf die durchschnittlichen Wachstumsraten im KGW zu beachten (siehe Abb. 6.6). Die durchschnittliche Wachstumsrate des KGW nach dem Krisenjahr 2009 lag nämlich knapp unterhalb der des BIP.

Tab. 6.11 Durchschnittliche Wachstumsraten p. a. Bruttowertschöpfung real und VZÄ zwischen 2008 und 2015. (Quelle: IHS HealthEcon und IHS Unternehmen, Branchen & Regionen (2013))

			BWS (%)	VZÄ (%)
KGW	G_1	Pharmazeutische Produkte	3,06	2,71
	G_2	Medizintechnische Produkte	2,15	1,81
	G_3	Einzelhandelsleistungen des Kernbereichs	2,05	1,71
	G_4	Krankenversicherungs- und sonst. Verwaltungsleistungen	0,57	−0,06
	G_5	Dienstleistungen stationärer Einrichtungen	2,03	1,93
	G_6	Dienstleistungen nicht stationärer Einrichtungen	1,58	1,39
	G_7	Sonstige Dienstleistungen des Kernbereichs	2,05	1,71
		Gewichteter Durchschnitt KGW	1,91	1,71
EGW	G_8	Gesundheitswaren des Erweiterten Bereichs	2,80	2,63
	G_9	Diensteistungen für Sport, Fitness, Gesundheitstourismus	2,16	1,71
	G_10	Sonstige Gesundheitsdienstleist. des Erweiterten Bereichs	2,57	2,18
	G_11	Gesundheitsrelevante Ausbildung und Forschung	3,23	2,79
	G_12	Gesundheitsrelevante Bauleistungen	1,11	0,77
		Gewichteter Durchschnitt EGW	2,44	2,09

Das durchschnittliche reale BIP-Wachstum zwischen 2008 und 2015 wird auf 1,03 % geschätzt

6.9 Vergleich zu Deutschland

Nachfolgend werden Ergebnisse des österreichischen mit dem deutschen GSK (BMWi 2009, S. 126 ff.) verglichen. Dabei gilt zu beachten, dass im ÖGSK das Jahr 2008 und im deutschen GSK das Jahr 2005 betrachtet werden und daher für einen Vergleich die jeweiligen Relationen zur Gesamtwirtschaft eine höhere ökonomische Aussagekraft haben. Gleichzeitig gilt es aufgrund marginaler methodischer Abweichungen (siehe dazu Kap. 5.5, S. 85) eine gewisse Unschärfe zu berücksichtigen.

In Tab. 6.12 werden alle Indikatoren zusammenfassend gegenübergestellt, die Zahlen für Österreich sind grau hinterlegt. Vergleicht man die österreichische Gesundheitswirtschaft mit der Gesundheitswirtschaft in Deutschland, so fällt auf, dass die Gesundheitsanteile gemessen an der Gesamtwirtschaft annähernd gleich sind. Die österreichische Gesundheitswirtschaft ist für 8,21 % des erwirtschafteten Produktionswertes und 10,13 % der Bruttowertschöpfung an der Gesamtwirtschaft verantwortlich. Das bedeutet, dass jeder 10 € in der Gesundheitswirtschaft verdient wird. In Deutschland liegt der Anteil des gesundheitsrelevanten Produktionswerts mit 8,14 % knapp darunter, der Anteil der Wertschöpfung in der Gesundheitswirtschaft an der Gesamtwirtschaf liegt mit 10,20 % leicht darüber. Sowohl für Österreich als auch Deutschland ist der Anteil des KGW am Produktionswert mit knapp 70 % in Österreich und 75 % in Deutschland am

Tab. 6.12 Vergleich ausgewählter Indikatoren zwischen Österreich und Deutschland. (Quelle: IHS HealthEcon und IHS Unternehmen, Branchen & Regionen (2013))

	KGW AUT		KGW GER [1]		EGW AUT		EGW GER [1]		GW AUT		GW GER [1]	
	absolut	% an Gesamtwirtschaft	absolut	% an Gesamtwirtschaft	absolut	% an Gesamtwirtschaft	absolut	% an Gesamtwirtschaft	absolut	% an Gesamtwirtschaft	absolut	% an Gesamtwirtschaft
Produktionswert (in Mrd. €)	31,00	5,71%	248,00	6,11%	14,00	2,50%	83,00	2,04%	45,00	8,21%	331,00	8,14%
Bruttowertschöpfung (in Mrd. €)	19,00	7,44%	159,00	7,84%	7,00	2,69%	48,00	2,36%	26,00	10,13%	207,00	10,20%
Konsumausgaben (in Mrd. €)	25,00	13,31%	217,00	13,71%	7,00	3,68%	61,00	3,87%	32,00	16,98%	278,00	17,58%
Erwerbstätige (in Tsd.)	410	9,68%	4.051	10,43%	158	3,73%	1.324	3,41%	569	13,41%	5.375	13,84%
BWS/Erwerbstätigen (in Tsd. €)	46,00	76,89%	39,00	75,18%	44,00	72,10%	36,00	69,35%	46,00	75,55%	38,00	73,74%
Außenhandelsüberschuss (in Mio. €)	250,00	2,55%	10.093,00	7,01%	179,00	1,83%	-2.295,00	-1,59%	429,00	4,39%	7.798,00	5,42%
Gesamte Verwendung (in Mrd. €)	37,00	5,13%	279,00	5,80%	17,00	2,37%	98,00	2,04%	54,00	7,50%	378,00	7,84%

höchsten. Dies ist mitunter etwa darauf zurückzuführen, dass Deutschland industriell relativ stärker in der Pharmazie und Medizintechnik (KGW) aufgestellt ist und relativ schwächer im Bereich Gesundheitstourismus (EGW). In Österreich entfällt zudem ein Anteil von 73,43 % der Bruttowertschöpfung in der Gesundheitswirtschaft auf den KGW, in Deutschland ist der Anteil mit 76,86 % nur etwas höher. Der Konsumausgabenanteil in Deutschland ist mit 13,71 % zu 13,31 % (KGW) bzw. 3,87 % zu 3,68 % (EGW) etwas höher als in Österreich.

In Österreich sind mit 569 Tsd. Erwerbstätigen 13,41 % der erwerbstätigen Bevölkerung in der Gesundheitswirtschaft tätig, 9,68 % davon im KGW. In Deutschland ist ein Anteil von 13,84 % in der Gesundheitswirtschaft beschäftigt, wobei über drei Viertel (10,43 %) auf den Kernbereich entfallen.

Die Arbeitsproduktivität[5] gemessen an der Bruttowertschöpfung je Erwerbstätigem liegt sowohl in Österreich als auch Deutschland jeweils etwa ein Viertel unter der gesamtwirtschaftlichen Produktivität. In Österreich beträgt die Wertschöpfung je Erwerbstätigem des KGW bei € 46 Tsd., in Deutschland bei € 39 Tsd., in der EGW ist die Produktivität in beiden Ländern geringer (in Österreich bei € 44 Tsd. und in Deutschland bei € 36 Tsd.). Die Produktivität in der Gesundheitswirtschaft liegt in Österreich im Jahr 2008 bei € 46 Tsd. pro Erwerbstätigem, in Deutschland hingegen bei € 38 Tsd. Die Produktivität der Gesamtwirtschaft je Erwerbstätigem lag im Jahr 2008 bei € 60 Tsd. in Österreich und bei € 52 Tsd. in Deutschland im Jahr 2005.

Ein Indikator, in dem Deutschland und Österreich deutliche Unterschiede aufweisen, ist jener des Außenhandels. Deutschland verzeichnete im Jahr 2008 im Bereich des KGW einen Außenhandelsüberschuss von über € 10 Mrd., was einem Anteil von über 7 % am gesamten Außenhandelsüberschuss entspricht. In der EGW hingegen wurde mehr importiert als exportiert, was zu einem Außenhandelsdefizit von knapp € 2,3 Mrd. führte. Österreich hingegen verzeichnet im Kernbereich einen Überschussanteil von 2,55 % und im erweiterten Gesundheitsbereich einen zusätzlichen Überschuss von 1,83 %. Die gesamte Gesundheitswirtschaft ist demnach in Österreich für einen Außenhandelsüberschuss von 4,39 % verantwortlich, in Deutschland ist dieser Anteil mit 5,42 % höher. Wiederum sind die strukturellen Unterschiede in den Bereichen Pharmazie und Medizintechnik (KGW) und Gesundheitstourismus (EGW) mitentscheidend für diese Unterschiede. Gemessen an der Gesamtverwendung ist die Gesundheitswirtschaft in Österreich für 7,5 % verantwortlich, in Deutschland liegt dieser Anteil mit 7,84 % leicht darüber.

Abbildung 6.8 veranschaulicht die Unterschiede in der österreichischen und der deutschen Gesundheitswirtschaft. Die schwarze Linie steht für Österreich, die graue für Deutschland.

---

[5] Da sich die Werte für Deutschland auf das Jahr 2005 beziehen, ist keine vollkommene Vergleichbarkeit der Produktivitätszahlen gegeben.

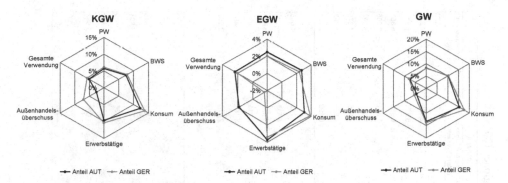

Abb. 6.8 Vergleich GSK Österreich zu GSK Deutschland (Die Werte für Deutschland beziehen sich auf das Jahr 2005, jene für Österreich auf das Jahr 2008). (Quelle: IHS HealthEcon und IHS Unternehmen, Branchen & Regionen (2013))

6.10   Regionaleffekte

Das Gesundheitssatellitenkonto wurde auf Basis der neun Bundesländer multiregionalisiert. Darauf aufbauend werden nun die Effekte der Gesundheitswirtschaft in den einzelnen Bundesländern ermittelt. Als Grundlage für die Multiregionalisierung dienten hauptsächlich die Leistungs- und Strukturstatistik der Statistik Austria aus dem Jahr 2008, das Statistische Handbuch der österreichischen Sozialversicherung 2008, die Rechnungsabschlüsse der Bundesländer[6], die Verkehrsstatistik 2008 der Statistik Austria sowie diverse Daten aus dem Gesundheitswesen (Überregionale Auswertung der Kostenrechnung in Fondskrankenanstalten, Ärztekostenstatistik, Finanzstatistiken der Sozialversicherung, Statistiken der Statistik Austria zum Personal im Gesundheitswesen etc.).

In Tab. 6.13, 6.14 sind die Ergebnisse basierend auf dem multiregionalen Gesundheitssatellitenkonto für die Bruttowertschöpfung und Beschäftigungseffekte auf Bundesländerebene (NUTS-2) dargestellt. In der zweiten Spalte werden jeweils jene Wertschöpfungs- bzw. Beschäftigungseffekte dargestellt, die direkt in einem Bundesland entstehen. Anschließend werden die induzierten und indirekten Effekte in drei Kategorien dargestellt. Inkludiert man indirekte und induzierte Effekte in die regionale Betrachtung, so sind drei Unterscheidungen zu machen:

a. Effekte der Gesundheitswirtschaft eines Bundeslandes auf die Gesamtwirtschaft desselben Bundeslandes
b. Effekte der Gesundheitswirtschaft eines Bundeslandes auf die österreichische Gesamtwirtschaft
c. Effekte der österreichischen Gesundheitswirtschaft auf die Wirtschaft eines Bundeslandes.

---

[6] Die Rechnungsabschlüsse der Bundesländer stammen aus dem Jahr 2008, lediglich für die Länder Tirol und Vorarlberg wurden wegen mangelnder Verfügbarkeit die Abschlüsse aus 2011 herangezogen.

Tab. 6.13 Regionale Bruttowertschöpfungseffekte. (Quelle: IHS HealthEcon und IHS Unternehmen, Branchen & Regionen (2013))

in Mio. €	direkt	indirekt+induziert			gesamt		
		Gesundheitsw. eines BL auf Gesamtw. desselben BL	Gesundheitsw. eines BL auf österr. Gesamtw.	österr. Gesundheitsw. auf Gesamtw. eines BL	Gesundheitsw. eines BL auf Gesamtw. desselben BL	Gesundheitsw. eines BL auf österr. Gesamtw.	österr. Gesundheitsw. auf Gesamtw. eines BL
GW gesamt							
Burgenland	598	99	419	371	697	1.017	970
Kärnten	1.412	322	948	815	1.734	2.360	2.227
Niederösterreich	3.881	807	2.495	2.635	4.688	6.375	6.515
Oberösterreich	3.956	1.052	2.724	2.395	5.008	6.680	6.351
Salzburg	2.058	450	1.193	1.147	2.508	3.251	3.205
Steiermark	3.334	771	2.345	1.763	4.106	5.680	5.097
Tirol	3.001	763	1.844	1.374	3.764	4.845	4.375
Vorarlberg	1.066	329	770	636	1.395	1.836	1.702
Wien	6.654	2.227	3.845	5.459	8.881	10.499	12.113
KGW							
Burgenland	419	54	260	239	472	679	658
Kärnten	1.055	213	657	549	1.268	1.712	1.605
Niederösterreich	2.923	529	1.710	1.777	3.452	4.633	4.700
Oberösterreich	3.070	679	1.836	1.589	3.749	4.906	4.659
Salzburg	1.292	259	723	733	1.551	2.015	2.025
Steiermark	2.504	508	1.601	1.184	3.012	4.105	3.688
Tirol	1.820	433	1.056	871	2.253	2.876	2.692
Vorarlberg	720	187	457	400	907	1.178	1.120
Wien	5.259	1.641	2.854	3.824	6.900	8.113	9.083
EGW							
Burgenland	180	45	159	132	225	338	312
Kärnten	357	109	291	265	466	648	622
Niederösterreich	957	279	785	858	1.236	1.742	1.815
Oberösterreich	886	372	888	805	1.258	1.774	1.691
Salzburg	766	191	470	414	957	1.236	1.180
Steiermark	831	263	744	579	1.094	1.575	1.410
Tirol	1.181	330	788	503	1.511	1.969	1.683
Vorarlberg	346	142	312	236	488	658	582
Wien	1.395	586	990	1.635	1.982	2.386	3.030
Gesamtwirtschaft	**256.194**						

Tab. 6.14 Regionale Beschäftigungseffekte. (Quelle: IHS HealthEcon und IHS Unternehmen, Branchen & Regionen (2013))

		direkt	indirekt+induziert			gesamt		
			Gesundheitsw. eines BL auf Gesamtw. desselben BL	Gesundheitsw. eines BL auf österr. Gesamtw.	österr. Gesundheitsw. auf Gesamtw. eines BL	Gesundheitsw. eines BL auf Gesamtw. desselben BL	Gesundheitsw. eines BL auf österr. Gesamtw.	österr. Gesundheitsw. auf Gesamtw. eines BL
GW gesamt	Burgenland	14.684	2.162	7.135	7.343	16.845	21.819	22.026
	Kärnten	33.470	5.047	14.582	12.898	38.516	48.052	46.368
	Niederösterreich	94.356	14.015	37.802	45.108	108.371	132.158	139.464
	Oberösterreich	87.016	16.810	41.986	38.067	103.825	129.002	125.082
	Salzburg	45.551	7.118	18.185	18.482	52.669	63.736	64.033
	Steiermark	76.606	12.749	36.340	29.064	89.355	112.946	105.670
	Tirol	62.564	11.241	28.379	21.230	73.805	90.943	83.794
	Vorarlberg	22.958	5.146	11.865	10.047	28.103	34.822	33.005
	Wien	131.503	28.856	55.693	69.912	160.359	187.195	201.415
KGW	Burgenland	9.421	828	3.358	4.088	10.249	13.279	13.509
	Kärnten	25.096	3.138	9.645	8.325	28.234	34.741	33.420
	Niederösterreich	69.666	8.232	24.485	28.360	77.898	94.151	98.026
	Oberösterreich	66.171	9.996	26.754	23.892	76.168	92.925	90.063
	Salzburg	28.259	3.808	10.485	11.314	32.067	38.744	39.573
	Steiermark	56.399	7.604	23.328	18.272	64.003	79.727	74.670
	Tirol	36.444	6.018	15.435	13.133	42.462	51.879	49.577
	Vorarlberg	15.292	2.711	6.666	6.054	18.003	21.959	21.346
	Wien	103.606	20.318	39.942	47.345	123.924	143.548	150.951
EGW	Burgenland	5.263	1.334	3.278	3.254	6.597	8.540	8.517
	Kärnten	8.374	1.909	4.957	4.573	10.283	13.311	12.947
	Niederösterreich	24.690	5.783	13.317	16.748	30.473	38.007	41.438
	Oberösterreich	20.844	6.813	15.232	14.175	27.658	36.077	35.019
	Salzburg	17.292	3.311	7.700	7.168	20.603	24.992	24.460
	Steiermark	20.207	5.145	13.012	10.793	25.352	33.219	31.000
	Tirol	26.121	5.223	12.944	8.097	31.343	39.064	34.217
	Vorarlberg	7.666	2.434	5.198	3.993	10.100	12.864	11.659
	Wien	27.897	8.538	15.751	22.567	36.435	43.648	50.464
Gesamtwirtschaft		3.518.057						

In den letzten drei Spalten werden die Gesamteffekte, also die direkten, indirekten und induzierten Effekte, einer Region dargestellt.

In Tab. 6.13 sind die Effekte der Bruttowertschöpfung ersichtlich. Gemessen an der direkt erzielten Bruttowertschöpfung (BWS) für die gesamte Gesundheitswirtschaft liegt die Stadt Wien mit einer Wertschöpfung von € 6,7 Mrd. an erster Stelle, gefolgt von den Bundesländern Oberösterreich (rund € 4 Mrd.), Niederösterreich (€ 3,9 Mrd.) und der Steiermark (€ 3,3 Mrd.). Die restlichen Bundesländer bewegen sich zwischen einer Wertschöpfung von € 3 Mrd. (Tirol) und rund € 0,6 Mrd. (Burgenland). Für den Kernbereich der Gesundheitswirtschaft bleibt die Reihung der Bundesländer die gleiche. Der Anteil der Bruttowertschöpfung des KGW an der gesamten direkten Bruttowertschöpfung der Gesundheitswirtschaft bewegt sich zwischen 60,7 % (Tirol) und 79 % (Wien). In der erweiterten Gesundheitswirtschaft verändert sich die Reihung der Bundesländer geringfügig. An erster Stelle bleibt Wien mit € 1,4 Mrd. gefolgt von Tirol mit € 1,2 Mrd., Niederösterreich mit rund € 1 Mrd. und Oberösterreich mit € 0,9 Mrd.. Das Burgenland bildet mit einer direkten Bruttowertschöpfung in der Höhe von rund € 0,2 Mrd. das Schlusslicht.

Die Gesundheitswirtschaft in Wien bewirkt eine gesamte (direkte, indirekte und induzierte) Bruttowertschöpfung von € 8,9 Mrd. für Wien selbst, wovon rund 78 % auf den KGW entfallen, € 10,5 Mrd. sichert die Wiener Gesundheitswirtschaft an Wertschöpfung für die österreichische Wirtschaft, der Anteil des KGW liegt dabei bei rund 77 %. Zudem profitiert Wien mit einer Bruttowertschöpfung in Höhe von etwas mehr als € 12 Mrd. (75 % davon der KGW) von der österreichischen Gesundheitswirtschaft. Das Bundesland Oberösterreich liegt auch in Hinblick auf die indirekten und induzierten Effekte an zweiter Stelle hinter Wien (nur bei den Effekten der österreichischen Gesundheitswirtschaft liegt es hinter Niederösterreich auf Platz drei). Die oberösterreichische Gesundheitswirtschaft bewirkt für das Bundesland selbst eine Bruttowertschöpfung in Höhe von € 5 Mrd. (75 % entfallen auf den KGW), für die österreichische Wirtschaft trägt die oberösterreichische Gesundheitswirtschaft eine Wertschöpfung von € 6,7 Mrd. bei und profitiert im Ausmaß von € 6,4 Mrd. von der österreichischen Gesundheitswirtschaft. Die niederösterreichische Gesundheitswirtschaft bewirkt eine Bruttowertschöpfung von € 4,7 Mrd. für das Bundesland selbst (74 % davon im KGW), sichert € 6,4 Mrd. der österreichischen Gesamtwirtschaft und profitiert in Höhe von € 6,5 Mrd. von der gesamtösterreichischen Gesundheitswirtschaft.

In Tab. 6.14 sind nun die Beschäftigungseffekte ersichtlich. Die direkte Beschäftigung im Gesundheitsbereich teilt sich folgendermaßen auf die Bundesländer auf: Die meisten Erwerbstätigen entfallen auf Wien mit rund 132 Tsd. Beschäftigten, gefolgt von Niederösterreich mit über 94 Tsd. gesicherten Arbeitsplätzen und Oberösterreich mit 87 Tsd. Beschäftigten. In der Steiermark sind rund 77 Tsd. Personen in der Gesundheitswirtschaft tätig. Tirol folgt mit rund 63 Tsd. Beschäftigten, gefolgt von Salzburg (rund 46 Tsd.), Kärnten (33 Tsd.), Vorarlberg (rund 23 Tsd.) und dem Burgenland (15 Tsd. Beschäftigte). In Wien entfällt mit 79 % der größte Anteil der Arbeitsplätze auf den Kernbereich der Gesundheitswirtschaft, an zweiter Stelle steht Oberösterreich mit 76 %. Hingegen ist der höchste Anteil der EGW mit über 42 % in Tirol zu finden. Der Grund dafür liegt am hohen Stellenwert des Sporttourismus in Tirol.

Wien und Niederösterreich sind die einzigen Bundesländer, die mehr von der österreichischen Gesundheitswirtschaft profitieren als umgekehrt die österreichische Wirtschaft von der regionalen Gesundheitswirtschaft (durch die wirtschaftlichen Verflechtungen fließt mehr „hinein" als „heraus").

Bezieht man nun auch indirekte und induzierte Effekte in die Betrachtung mit ein, so bewirkt die Wiener Gesundheitswirtschaft für die Wiener Wirtschaft 160 Tsd. Beschäftigte (77 % im KGW) sowie 187 Tsd. Beschäftigte für die österreichische Wirtschaft. Gleichzeitig profitiert die Wiener Wirtschaft mit 201 Tsd. Stellen von der gesamten Gesundheitswirtschaft. Die niederösterreichische Gesundheitswirtschaft sichert in Niederösterreich 108 Tsd. Arbeitsstellen (davon entfallen 72 % auf den KGW) und sichert 132 Tsd. Beschäftigten in Österreich den Arbeitsplatz. Zudem bewirken die Aktivitäten der österreichischen Gesundheitswirtschaft, dass in Niederösterreich 139 Tsd. Arbeitsstellen gesichert werden. Die oberösterreichische Gesundheitswirtschaft steht in Hinblick auf die regionalen Arbeitsplätze an dritter Stelle und sichert für die eigene Region 104 Tsd. Arbeitsplätze (wovon 73 % auf den KGW entfallen) und trägt mit 129 Tsd. Stellen zur gesamten österreichischen Wirtschaft bei. Des Weiteren bewirkt die österreichische Gesundheitswirtschaft Beschäftigung in der Höhe von 125 Tsd. Beschäftigten in Oberösterreich.

Literatur

Bundesministerium für Wirtschaft und Technologie Deutschland (BMWi). (2009). *Erstellung eines Satellitenkontos für die Gesundheitswirtschaft in Deutschland*. Abschlussbericht 30. November 2009. Berlin.

Schlussfolgerungen 7

Der weit verbreiteten Meinung, dass Gesundheit bzw. das Bedürfnis der Bevölkerung danach in erster Linie zu „Kosten" führt, kann anhand des präsentierten Satellitenkontos eine sachlich gut begründete Gegenposition gegenübergestellt und die Diskussion einer ausgewogenen Sichtweise zugeführt werden.

7.1 Zusammenfassende Betrachtungen

Das Gesundheitssatellitenkonto für Österreich leistet einen wesentlichen Beitrag zu einer sachlichen und gut begründeten Diskussion. Es bildet die österreichische Gesundheitswirtschaft viel detaillierter als bisher ab, bleibt dabei kompatibel zum deutschen und in Zukunft vielleicht international etablierten Satelliten und ist, anders als andere Teilbetrachtungen wie das System of Health Accounts oder Studien zu einzelnen Bereichen, voll in die gesamtwirtschaftliche Betrachtung der Input-Output-Tabellen integriert. Dadurch ist es möglich, die Verflechtungen der Gesundheitswirtschaft mit den anderen Bereichen der österreichischen Wirtschaft darzustellen und die Effekte der gegenwärtigen Nachfrage sowie Nachfrageänderungen zu berechnen.

Dabei wird die Gesundheitswirtschaft im weiteren Sinne aus den anderen Wirtschaftssektoren herausgelöst und dargestellt. Durch die weit gefasste Definition der Gesundheitswirtschaft addiert sich zum Kernbereich noch mehr als ein Drittel an Wertschöpfung hinzu. Sowohl der Kernbereich als auch der Erweiterte Bereich benötigen diverse Vorleistungen und durch die Tatsache, dass sie Arbeitseinkommen generieren, entstehen in weiterer Folge Kaufkrafteffekte. Durch die Nachfrage nach Gesundheitsleistungen wird in Österreich Bruttowertschöpfung generiert, € 25.961 Mio. direkt, € 9.518 Mio. indirekt und € 6.085 Mio. induziert. Insgesamt entstehen dadurch € 41.564 Mio. an Wertschöpfung in Österreich, bezogen auf die Gesamtwirtschaft sind dies 16,22 %.

© Springer Fachmedien Wiesbaden 2015
T. Czypionka et al., *Gesundheitswirtschaft Österreich*,
DOI 10.1007/978-3-658-08772-2_7

Die Qualität vieler Gesundheitsberufe als personenbezogene Dienstleistungen bewirkt auch, dass die letztlich durch das Bedürfnis nach Gesundheit ausgelöste Beschäftigung enorm ist. In der Gesundheitswirtschaft selbst sind dies 568.708 beschäftige Personen bzw. 443.732 Vollzeitäquivalente. Insgesamt finden 805.918 Personen dadurch Beschäftigung, was 638.220 Vollzeitäquivalenten entspricht. Bezogen auf die Gesamtwirtschaft stehen demnach 19,01 % der Erwerbstätigen bzw. 18,14 % der Vollzeitäquivalente in Zusammenhang mit der Gesundheitswirtschaft und daher dem Bedürfnis nach Gesundheit.

Die Wertschöpfung pro Vollzeitäquivalent ist in der Gesundheitswirtschaft geringer als in der Gesamtwirtschaft (€ 58.506 vs. € 72.823), die der Vorleister hingegen höher (€ 80.679). Dies ist vor allem darauf zurückzuführen, dass zum einen ein erheblicher Teil der Gesundheitswirtschaft gemeinwirtschaftlich arbeitet und somit keine Gewinne erzielt, andererseits an der Natur der personenbezogenen Dienstleistung, die pro Beschäftigtem wenig Kapitaleinsatz und somit Deckungsbeiträge generiert.

An Abgaben werden über direkte, indirekte und induzierte Effekte € 15.082 Mio. geleistet.

Bezüglich des Außenhandels zeigt sich ein deutliches Defizit der österreichischen Gesundheitswirtschaft im Vergleich mit Deutschland. Die Gesundheitsanteile beider Länder sind zwar sehr ähnlich; die Wertschöpfung im Bereich der Gesundheitswirtschaft macht in Deutschland 10,2 % aus, in Österreich 10,13 %. Die Verteilung ist allerdings unterschiedlich. Deutschland hat eine stärkere Wirtschaft in den Bereichen Pharmazie und Medizintechnik, somit im Kernbereich, während Österreich, vor allem aufgrund des gesundheitsrelevanten Tourismus, in der EGW stärker ist. Trotz dieses „natürlichen" Vorteils in der erweiterten Gesundheitswirtschaft beträgt der Anteil der gesamten Gesundheitswirtschaft am Außenhandelsüberschuss in Österreich nur 4,4 %, während er in Deutschland 5,42 % ausmacht.

Im Bereich der Prognose zeigt sich, dass der KGW auf die österreichische Wirtschaft und die Beschäftigungslage eine stabilisierende Wirkung ausübt. Die EGW ist zwar stärker konjunkturabhängig, jedoch weist sie laut unseren Prognosen bis 2015 ein deutlich kräftigeres Wachstum auf, nämlich real mehr als einen Prozentpunkt über der prognostizierten Wachstumsrate des BIP.

7.2   Einschätzungen zur Gesundheitswirtschaft

7.2.1   Faktoren des Wachstums

Wachstumsmotoren der Gesundheitswirtschaft in Österreich (s. a. Czypionka et al. 2011) sind zunächst der demographische Wandel und der technologische Fortschritt. In einer alternden Bevölkerung ist zu erwarten, dass eine größere Zahl älterer Menschen einen Zuwachs an Nachfrage erzeugt. Jedoch müssen in einer solchen Gesellschaft auch jüngere Menschen mehr in ihre eigene Gesunderhaltung investieren. Zum einen inkludiert eine steigende Lebenserwartung auch eine längere Einbindung in die Berufswelt, zum anderen ist es auch Ziel den verlängerten Lebensabend in akzeptabler Gesundheit zu verbringen. Beide Bedürfnisaspekte werden neben dem KGW vor allem auch in der EGW zu einer gesteigerten Nachfrage führen. Innovationen eröffnen dabei Möglichkeiten auf der Angebotsseite: Neue Arzneimittel und Medizinprodukte, die die Lebensqualität und die Lebensdauer verlängern ebenso wie Aktivitäten im Gesundheitstourismus oder die Umstellung auf bewusstere Ernährung. Eine weitere Rolle spielt auch der gesellschaftliche Wandel, der zum Guten oder Schlechten auch im Gesundheitswesen „mündige Konsumenten" hervorgebracht hat, die Leistungen nicht nur dankend annehmen sondern auch bezüglich ihrer Qualität hinterfragen. Epidemiologische Veränderungen wiederum haben zu einem starken Überwiegen der chronischen Krankheiten geführt. Ihre Behandlung erfordert das Verschmelzen der Versorgung entlang des Diagnose- und Behandlungsprozesses, auch genannt „Integration der Versorgung". Sie erfordern neben Prozessumstellungen auch vermehrte Kommunikation und Abstimmung.

Schlussendlich kommt dem Luxusgutcharakter von Gesundheitsgütern eine große Rolle zu. Dies bedeutet, dass die Nachfrage nach Gesundheitsgütern mit dem individuellen und gesellschaftlichen Einkommen überproportional wächst. Dies zeigt sich in den entwickelten Ländern durch einen sehr gut ausgebauten öffentlichen Gesundheitssektor. International hingegen wird dieses Phänomen vor allem die Nachfrage nach Leistungen aus dem Kernbereich der Gesundheitswirtschaft steigern. Allgemein viel diskutiert, und hier am Beispiel einer Studie von Goldman-Sachs, wird dieser enorme Wachstumsmotor dargestellt.

In Abb. 7.1 ist dargestellt, in welchem gewaltigen Ausmaß jene Schicht auf der Welt expandieren wird, die anhand ihres Einkommens der „Mittelklasse" zugeordnet wird. Es ist zu erwarten, dass, wie in den westlichen Ländern auch, die Mittelklasse in China, Indien, Brasilien etc. ebenfalls in überproportionalem Ausmaß das gewonnene Einkommen für Gesundheitsgüter ausgeben wird. Diese Länder verfügen derzeit aber noch nicht über ausreichend Infrastruktur und Know-how.

7.2.2 Exporte

Insgesamt bestehen für Exporte gesundheitswirtschaftlicher Güter daher große Potenziale, die derzeit zu wenig genutzt werden. Im KGW verfügt Österreich über hohe Kapazitäten, gut ausgebildete Arbeitskräfte, hohe Reputation sowie Unternehmen mit Know-how im Gesundheitsbereich, also Faktoren, die für den Dienstleistungsexport genutzt werden könnten. Gleichzeitig entstehen dadurch auch für die einheimische Bevölkerung Vorteile, da beispielsweise moderne Geräte sowohl für den Leistungsexport, d. h. ausländische Gastpatienten, als auch die Behandlung von Inländern genutzt werden könnten. Ähnliches gilt für die damit verbundene Attraktivierung für Spezialisten, die am Standort Österreich behandeln und den damit verbundenen Wissens-Spillovers.

Nicht nur im Inland erbrachte Leistungen können für den Export genutzt werden. Durch die Expansion der Mittelklasse ist anzunehmen, dass alle Arten von Infrastruktur,

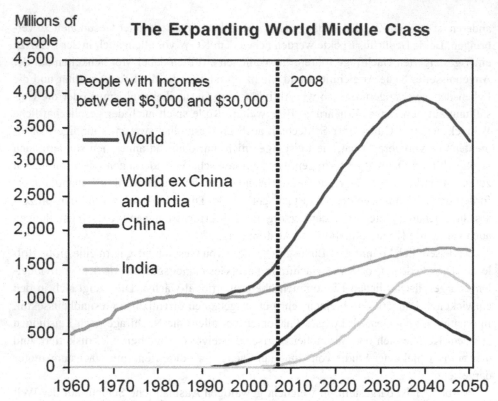

Abb. 7.1 Expansion der Mittelklasse. (Quelle: Wilson und Dragusanu (2008))

Technologie und Know-how nachgefragt werden. Aufgrund der Größenverhältnisse muss Österreich nur einen Bruchteil der damit verbundenen Nachfrage zu sich umlenken, um große Exportvolumina zu erzeugen.

Aber auch die EGW kann von diesen Entwicklungen profitieren. Im Bereich der Biolebensmittel hat gerade die österreichische Landwirtschaft und Lebensmittelindustrie viel Erfahrung und kann von der Umstellung auf bewusstere Ernährung sicher profitieren. Im Bereich des Gesundheitstourismus, im engeren wie auch weiteren Sinn, hat Österreich ein sehr großes Potenzial. Neben einer guten medizinischen Reputation sind besonders die Synergieeffekte mit dem ebenfalls reichlich vorhandenen kulturellen und landschaftlichen Angebot hervorzuheben. Aufgrund der geringen Größe des Landes sind aber gemeinsame Vermarktungsaktivitäten im Sinne der deutschen Gesundheitstourismuscluster notwendig.

Die Informations- und Kommunikationstechnologien stellen einen nahezu unabdingbaren Faktor für mehr Produktivität im Gesundheitswesen dar. Sie sind auch kaum aus der derzeitigen Umorientierung des Gesundheitswesens wegzudenken, in dem eine stärkere Prozessorientierung dem epidemiologischen Wandel in Richtung chronische Krankheiten Rechnung tragen soll (Integrierte Versorgung). Der Bedarf nach diesen Leistungen wird aufgrund dieser Veränderungen wohl sehr stark steigen. Ähnliches gilt für den Bereich

Ambient Assisted Living[1]. Die steigende Binnennachfrage aufgrund der höheren Lebenserwartung in Österreich kann hier auch eine für Exporte notwendige Standortbedingung darstellen.

Für den Bereich Life Sciences bestehen einige wichtige Standortbedingungen in Österreich. Zum einen bestehen zahlreiche angesehene Universitäten und Forschungseinrichtungen (wie bspw. die TU Wien, Veterinärmedizinische Universität, Medizinische Universitäten, Universität für Bodenkultur, …), zum anderen haben einige Initiativen zu Clusterbildung geführt, beispielsweise in Wien oder Oberösterreich. Die aus den Synergien möglichen Potenziale sind noch wenig untersucht. Es gilt aber auch in diesem Bereich an der steigenden Weltnachfrage zu partizipieren.

7.2.3 Gesundheitswirtschaft als Unterstützung für Nachhaltigkeit

Um den Widerspruch „Kostenfaktor vs. Wachstumsmotor" besser zu verstehen, ist von großer Bedeutung, die unterschiedlichen Finanzierungskonzepte zu betrachten. Die öffentliche Hand steht immer vor dem Problem, dass ihre Mittel durch Zwangsabgaben aufgebracht werden und eventuell einer Verwendung zugeführt werden, die nicht mehr wohlfahrtsoptimierend ist. Aus diesem Gesichtspunkt wird die nachhaltige Finanzierbarkeit des öffentlich finanzierten Gesundheitswesens gefordert.

Ein wesentlicher Punkt für die Gesundheitswirtschaft hier ist, dass private Initiativen helfen können, die Erledigung des öffentlichen Versorgungsauftrags effizienter zu gestalten und damit öffentlich finanzierbar zu halten. Dies betrifft etwa die direkte Leistungserbringung, die vor allem im Spitalswesen zum größten Teil vom Staat selbst erledigt wird, fast 80 % der Bettenkapazität in Spitälern ist noch immer in öffentlicher Trägerschaft. Effizienzpotenziale hierzu haben wir bereits in Czypionka et al. (2008) aufgezeigt. Auch im Bereich der sogenannten sekundären und tertiären Prozesse im Spitalswesen, also jenen, die die primären Behandlungsprozesse unterstützen oder die notwendige Infrastruktur schaffen, wird in Österreich noch vielfach in öffentlicher Hand geführt. In einer rezenten Studie (Czypionka et al. 2012b) weisen wir auf zahlreiche Möglichkeiten hin, diese Prozesse durch PPP-Modelle und Outsourcing sowie das gemeinsame Nutzen von Infrastruktur und Dienstleistungen umzugestalten. Die öffentliche Hand kann sich somit die private Initiative bei ihrem Ziel zu mehr Nachhaltigkeit in der Finanzierung nutzbar machen. Mit anderen Worten kann Wettbewerb in der direkten Leistungserbringung, aber auch im vorgelagerten Wirtschaftsbereich helfen, die derzeit diskutierten Nachhaltigkeitsziele zu erreichen, beispielsweise einen gemäßigteren Kostenanstieg als bisher zu erreichen. Gleichzeitig können dadurch Arbeitsplätze in einem stabilen Wirtschaftssektor geschaffen und erhalten werden.

---

[1] Unter Ambient Assisted Living werden alle Adaptionen (baulich, technologisch,…) der Lebensumgebung subsummiert, die den (beeinträchtigten) Menschen in der selbständigen Wahrnehmung der Aktivitäten des täglichen Lebens unterstützen.

7.2.4   Hinderungsfaktoren und Empfehlungen

Neben den an sich guten Standortfaktoren sind allerdings die Voraussetzungen für die zuvor skizzierten Entwicklungen teilweise nicht gegeben. Es besteht große Skepsis in der öffentlichen Verwaltung gegenüber privater Leistungserbringung (Czypionka et al. 2012a), was insgesamt zu Rahmenbedingungen geführt hat, die keine gleichwertigen Wettbewerbsbedingungen erzeugen. Beispielsweise bestehen Unterschiede in der Spitalsfinanzierung, die im Gegensatz zu anderen Ländern zu einer Ungleichbehandlung zwischen öffentlichen und (an der öffentlichen Versorgung teilnehmenden) privaten Spitälern führen (Czypionka et al. 2008; Riedel et al. 2012).

In Interviews wurde die Erfahrung gemacht, dass deutliche Hürden für die private Leistungserbringung moniert werden (Czypionka et al. 2012a). Bewilligungsverfahren dauern sehr lange und es gibt viele regulative und administrative Hürden. Auch wir sehen insgesamt die Tatsache als problematisch an, dass die Bundesländer gleich mehrere Rollen in sich vereinen, die zu Zielkonflikten führen. Sie sind Gesetzgeber im Spitalswesen, Regulator des Spitalswesens im jeweiligen Bundesland, aber auch Eigentümer und Finanzier. Diese ungünstigen Ausgangsbedingungen sind auch für die Frage des Exporterfolgs bedeutend. Wie auch in anderen Branchen gilt, dass eine wichtige Voraussetzung international erfolgreich zu sein, der Erfolg auf dem Inlandsmarkt ist. Somit sind für private Unternehmer im KGW und dessen Vorleistungsbezug keine optimalen Voraussetzungen gegeben.

Insgesamt wäre eher eine Liberalisierung der Rahmenbedingungen, bspw. für die Errichtung und den Betrieb von Gesundheitseinrichtungen, sinnvoll. Klare und faire Regeln für die Erstattung im Bereich von Arzneimitteln und Medizinprodukten sind ebenfalls wichtige Standortvoraussetzungen, wie insgesamt gleiche Wettbewerbsbedingungen für öffentliche wie private Anbieter. Die genaue Ausgestaltung solcher (gemäßigten) Liberalisierungsschritte, um die Potenziale der österreichischen Gesundheitswirtschaft auch ausschöpfen zu können, müssten präzisiert werden. Insofern besteht weiterer Forschungsbedarf im Bereich der österreichischen Gesundheitswirtschaft.

Literatur

Czypionka, T., Röhrling, G., Kraus, M., Schnabl, A., & Eichwalder, S. (2008). Fondsspitäler in Österreich: ein Leistungs- und Finanzierungsvergleich. IHS Endbericht/Juni 2008. Wien.

Czypionka, T., Riedel, M., Röhrling, G., & Leutgeb, J. (2011). Zukunft der Gesundheitsausgaben und Gesundheitsfinanzierung in Österreich II: Prognose der öffentlichen Gesundheitsausgaben in Österreich und Methodenvergleich mit Ageing Report 2012. IHS Endbericht/Dezember 2011. Wien.

Czypionka, T., Kraus, M., Röhrling, G., & Warmuth, J.R. (2012a). Chancen im Bereich der Wiener Gesundheitswirtschaft. IHS Endbericht/März 2012. Wien.

Czypionka, T., Kraus, M., Röhrling, G., & Warmuth, J.R. (2012b). Health Cooperation. Kostendämpfung durch Kooperation im Gesundheitswesen. IHS Endbericht/März 2012. Wien.

Riedel, M., Czypionka, T., & Schweiger, E. (2012). Die Rolle privat-gemeinnütziger Spitäler im internationalen Vergleich. IHS Endbericht/Juli 2012. Wien.

Wilson, D., & Dragusanu, R. (2008). The Expanding Middle: The Exploding World Middle Class and Falling Global Inequality. Global Economics Paper No. 170. Goldman Sachs.

Literatur

Agrarmarkt, A. (2010a). RollAMA Marktentwicklung Bioprodukte.

Agrarmarkt, A. (2010b). RollAMA Motivanalyse Bioprodukte.

AK Pressekonferenz. (2010). Pressekonferenz Arbeiterkammer, vom 28. Jänner 2010: http://wien. arbeiterkammer.at/bilder/d115/PKUnterlage_Schutzausruestung.pdf. Zugegriffen: 5. Sept. 2012.

Akupav. (2012). Webportal Statistik der Arbeitskräfteüberlassung und privaten Arbeitsvermittlung, im Auftrag der Sektion VI, Bundesministerium für Arbeit, Soziales und Konsumentenschutz. https://akupav.eipi.at/akupav/. Zugegriffen: 5. Sept. 2012.

Anderson, G. F., Reinhardt, U. E., Hussey, P. S., & Petrosyan, V. (2003). It's the prices, stupid: Why the United States is so different from other countries. *Health Affairs, 22*(3), 89–105.

Apotheker Plus 2. (2012). Ziel: Verbesserte Mundgesundheit. Springer Link.

Arbeiterkammer. (2007). Preisvergleich von Bioprodukten, nicht Bioprodukten und Markenprodukten. Preisvergleich in Wiener Supermärkten.

Bantle, R. (1996). Determinanten der Innovation und Diffusion des medizinisch-technischen Fortschritts. Schriften zur Gesundheitsökonomik. 15. Bayreuth.

Baumol, W. (1967). Macroeconomics of unbalanced growth: The anatomy of urban crisis. *American Economic Review, 57*, 415–426.

Bundesministerium für Wirtschaft und Technologie Deutschland (BMWi). (2009). Erstellung eines Satellitenkontos für die Gesundheitswirtschaft in Deutschland. Abschlussbericht 30. November 2009. Berlin.

Bundesministerium für Wirtschaft und Technologie Deutschland (BMWi). (2012a). Nutzung und Weiterentwicklung des deutschen Gesundheitssatellitenkontos zu einer Gesundheitswirtschaftlichen Gesamtrechnung (GGR). Unterlage zur Vorbereitung des Expertenworkshops am 15. Mai 2012 (unveröffentlicht).

Bundesministerium für Wirtschaft und Technologie Deutschland (BMWi). (2012b). Messung der Produktivitätsentwicklung der Gesundheitswirtschaft. Workshop Zwischenbericht vom 27. September 2012 (unveröffentlicht).

Böheim, M., & Pichler, E. (o. J.). Der österreichische Selbstmedikationsmarkt: Marktperformance und Deregulierungsspielräume. WU-Working Paper.

Breyer, F., Zweifel, P., & Kifmann, M. (2005). *Gesundheitsökonomie* (5. Aufl.). Berlin: Springer.

Con.os tourismus consulting. (2011). Grundlagenstudie: Der Gesundheits- und Wellness-Tourismus in Österreich: Status-Potenziale-Ausblick. Bundesministerium für Wirtschaft, Familie und Jugend.

COSSMA. (2011). Österreich: Kosmetikmarkt boomt. http://www.cossma.com/news/detailansicht/ artikel/oesterreich-kosmetikmarkt-boomt.html. Zugegriffen: 21. Jan. 2013.

© Springer Fachmedien Wiesbaden 2015
T. Czypionka et al., *Gesundheitswirtschaft Österreich,*
DOI 10.1007/978-3-658-08772-2

COSSMA. (2012). VKE erwartet 2% Wachstum für 2013. http://www.cossma.com/news/detailansicht/artikel/vke-erwartet-2-wachstum-fuer-2013.html. Zugegriffen: 21. Jan. 2013.

Czypionka, T., Röhrling, G., Kraus, M., Schnabl, A., & Eichwalder, S. (2008). *Fondsspitäler in Österreich: ein Leistungs- und Finanzierungsvergleich.* IHS Endbericht/Juni 2008. Wien.

Czypionka, T., Riedel, M., Röhrling, G., & Leutgeb, J. (2011). *Zukunft der Gesundheitsausgaben und Gesundheitsfinanzierung in Österreich II: Prognose der öffentlichen Gesundheitsausgaben in Österreich und Methodenvergleich mit Ageing Report 2012.* IHS Endbericht/Dezember 2011. Wien.

Czypionka, T., Kraus, M., Röhrling, G., & Warmuth, J. R. (2012a). *Chancen im Bereich der Wiener Gesundheitswirtschaft.* IHS Endbericht/März 2012. Wien.

Czypionka, T., Kraus, M., Röhrling, G., & Warmuth, J. R. (2012b). *Health Cooperation. Kostendämpfung durch Kooperation im Gesundheitswesen.* IHS Endbericht/März 2012. Wien.

EU Durchführungsverordnung (Nr. 505/2012) der Kommission vom 14.Juni 2012. Amtsblatt Nr. L 154 vom 15/06/2012. 12–19.

Euroconstruct. (2012). *Länderreport Österreich.* London.

FEACO. (2011). Survey of the European Management Consultancy 2010/2011.

Felderer, B., Helmenstein, C., Kleissner, A., Moser, B., Schindler, J., & Treiler, R. (2006a). Sport und Ökonomie in Europa. Ein Tour d'Horizon. SportsEconAustria.

Felderer, B., Kleissner, A., Moser, B., Schnabl, A., Dimitrov, D., & Weissteiner, T. (2006b). Ökonomische Bedeutung des Sports in Österreich. Studie im Auftrag des Jubiläumsfonds der Oesterreichischen Nationalbank. Institut für Höhere Studien. SportsEconAustria, Wien.

Frogner, B. K. (2010). The missing technology: An international comparison of human capital investment in healthcare. *Applied Health Economics and Health Policy, 8*(6), 361–371.

Gesund & Sozial – Zeitschrift der ÖGB-Fachgruppenvereinigung für Gesundheitsberufe 2008/4.

Gewista. (2011). Überblick Werbemarkt Österreich Außenwerbung im Detail. http://www.gewista. at/uploads/Werbemarktsterreichberblick2011_8920_DE.pdf. Zugegriffen: 21. Jan. 2013.

Hartwig, J. (2008). What drives health care expenditure? Baumol's model of unbalanced growth revisited. *Journal of Health Economics, 27,* 603–662.

Helmenstein, C., Kleissner, A., & Moder, B. (2006). Sportwirtschaft in Österreich. Eine Analyse der wirtschaftlichen Bedeutung des Sports in Österreich. SportsEconAustria.

Hens, T., & Pamini, P. (2008). *Grundzüge der analytischen Mikroökonomie.* Berlin: Springer-Verlag.

Hofmann, U., Krauss, T., Schneider, M., & Köse, A. (2011). Gesundheitswirtschaft Österreich. Studie für die Wirtschaftskammer Österreich. Basys, Augsburg.

Holub, H. -W., & Schnabl, H. (1985). *Input-Output-Rechnung: Input-Output-Tabellen. Eine Einführung* (2. Aufl. aktualisierte). München: R. Oldenbourg Verlag.

HVSV. (2012). *Hauptverband der österreichischen Sozialversicherungsträger: Handbuch der österreichischen Sozialversicherung.* Wien.

IGEPHA. (2008). Jahresbericht 2008.

IMS Consulting Group. (2009). Der Selbstmedikationsmarkt in Österreich – in der Apotheke 2008.

Institut Arbeit und Technik (IAT). Gelsenkirchen: http://www.iat.eu/index.php?article_id=56&clang =0. Zugegriffen: 5. Sept. 2012.

Kieser, A. (Hrsg.). (1993). *Organisationstheorien.* Stuttgart: Kohlhammer.

Kleissner, A. (2005). *Regionalisierung von Input-Output-Tabellen und Erstellung einer multiregionalen IOT für Österreich.* Dissertation. Karl-Franzens-Universität Graz.

Leontief, W. (1936). Quantitative input and output relations in the economic system of the United States. *The Reviews of Economic Statistics, 18*(3), 105–125.

ÖBIG. (2008). *Pharma-Profil Österreich. Pharmaceutical pricing and reimbursement information.* Wien.

ÖGB. (2009). Erich Foglar, Clemens Schneider. Pressekonferenz nach dem ÖGB-Bundesvorstand. Bilanz ÖGB Gesamt. 31.12.2008.

Österreich Werbung. (o. J.a). Was sind die Motive für einen Urlaub in Österreich? SU/Tourismusforschung.

Österreich Werbung. (o. J.b). Ausgaben der Gäste in Österreich. SU/Tourismusforschung.

Österreichische Apothekerkammer. (2008). Wahrnehmungsbericht der Österreichischen Ärztekammer für die Jahre 2007 und 2008.

Österreichische Apothekerkammer. (2012). Apotheke in Zahlen 2012.

Pflegevorsorgebericht. (2008). Österreichischer Pflegevorsorgebericht 2008. Bundesministerium für Arbeit, Soziales und Konsumentenschutz. Wien.

Pischner, R., & Stäglin, R. (1976). *Darstellung des um den Keynes'schen Multiplikator erweiterten offenen statistischen Input-Output-Modells.* Stuttgart: MittAB. (Sonderdruck 9. Jg.).

Pleschberger, C. (2009). Gesund beginnt im Mund. Cash – das Handelsmagazin. Juli/August 2009.

Pock, M., Czypionka, T., Berger, J., Körner, T., Strohner, L., & Mayer, S. (2010). *Wachstumseffekte von Gesundheit.* IHS Wien.

Pratscher, H. (2000). Sportverhalten in Österreich. *Journal für Ernährungsmedizin, 2(5)*, 18–23.

Richardson, H. W. (1979). *Regional and urban economics.* Pitman.

Riedel, M., Czypionka, T., & Schweiger, E. (2012). *Die Rolle privat-gemeinnütziger Spitäler im internationalen Vergleich.* IHS Endbericht/Juli 2012. Wien.

Salfinger-Pilz, B. (2010). Bildungsverhalten Erwachsener im sozialen Kontext – Erwachsenenbildungserhebung 2007 (AES). Statistische Nachrichten 2/2010.

Schnabl, A., Czypionka, T., Dippenaar, S., Müllbacher, S., Röhrling, G., Skrivanek, I., et al. (2009). Wertschöpfungseffekte des Wirtschaftssektors Gesundheit. IHS Wien.

Schneider, U., Österle, A., Schober, D., & Schober, C. (2006). *Die Kosten der Pflege in Österreich Ausgabenstrukturen und Finanzierung.* Forschungsbericht 02/2006. Institut für Sozialpolitik. Wirtschaftsuniversität Wien.

Schwark, J. (2007). Sport tourism: Introduction and overview. *European Journal for Sport and Society, 4(2),* 117–132.

Sigl, C. (2012). *Identifikation der kostentreibenden Wirkung des technologischen Fortschritts im Gesundheitswesen.* Masterarbeit. WU Wien.

SportsEconAustria. (2012). Wintersport Spezialausgabe. Sportaustria Nr. 6. Sportministerium.

Statistik Austria. (2007). *Erwachsenenbildung – Ergebnisse des Adult Education Survey (AES).* Wien: Statistik Austria.

Statistik Austria. (2009). *Erhebungen über Forschung und experimentelle Entwicklung (F & E) in Österreich.* Wien: Statistik Austria.

Statistik Austria. (2010a). *Standard-Dokumentation Metainformation zu den Gesundheitsausgaben nach „System of Health Account" für Österreich.* Wien: Statistik Austria.

Statistik Austria. (2010b). Bildung in Zahlen 2008/2009. Schlüsselindikatoren und Analysen. Wien.

Statistik Austria. (2011a). Bildung in Zahlen 2009/2010. Schlüsselindikatoren und Analysen. Wien.

Statistik Austria. (2011b). *Verbrauchsausgaben 2009/2010. Hauptergebnisse der Konsumerhebung.* Wien: Statistik Austria.

Statistik Austria. (2012a). *Gesundheitsausgaben in Österreich.* Wien: Statistik Austria.

Statistik Austria. (2012b). *Klassifikationsdatenbank.* Wien: Statistik Austria.

Statistik Austria. (2012c). *Tourismusstatistik. Ankünfte und Nächtigungen im Tourismus-Kalenderjahr (2002 bis 2011).* Wien: Statistik Austria.

Statistik Austria. (2012d). *Bildungsausgabenstatistik.* Wien: Statistik Austria.

Statistik Austria. (2012e). *Beherbergungsstatistik: Monatliche Nächtigungsstatistik. Jährliche Bestandsstatistik.* Wien: Statistik Austria.

Statistik Austria. (2012f). System of Health Accounts-Datentabellen. http://www.statistik.at/web_de/statistiken/gesundheit/gesundheitsausgaben/index.html.

Statistik Austria. (o. J.). *Schulstatistik. Statistik Austria.* Wien.

Statistisches Bundesamt. (2003). Volkswirtschaftliche Gesamtrechnungen. Methoden der Preis- und Volumensmessung. Fachserie 18/Reihe S. 24. Wiesbaden.

Stepan, A. (1997). *Finanzierungssysteme im Gesundheitswesen – Ein internationaler Vergleich*. Wien: Manz.

Stockner, H. (2011). *Persönliche Assistenz als Ausweg aus der institutionellen Segregation von Menschen mit Behinderungen*. Bericht für Selbstbestimmt Leben Österreich zur Situation. Innsbruck.

Technologiebericht. (2012). Österreichischer Forschungs- und Technologiebericht 2012 Bericht der Bundesregierung an den Nationalrat gem. § 8 (2) FOG über die Lage und Bedürfnisse von Forschung, Technologie und Innovation in Österreich. Wien.

UNO. (2010). Tourism satellite account: Recommended methodological framework 2008. Department of Economic and Social Affairs.

VVO. (2011). *Jahresbericht des Versicherungsverband Österreich 2011*. Wien.

Wenzel, C., Trappel, J., & Gadringer, S. (2012). Zur Qualität im Privatrundfunk – Begleitforschung zum österreichischen Privatrundfunkfonds. Schriftenreihe der Rundfunk und Telekom Regulierungs-GmbH.

WHO. (1948). Preamble to the Constitution of the World Health Organization as adopted by the International Health Conference, New York, 19–22 June, 1946; signed on 22 July 1946 by the representatives of 61 States (Official Records of the World Health Organization, no. 2, S. 100) and entered into force on 7 April 1948.

WIFO. (2012). *Ein Tourismus-Satellitenkonto für Österreich. Methodik Ergebnisse und Prognosen für die Jahre 2000 bis 2012*. Wien: WIFO.

Wilson, D., & Dragusanu, R. (2008). *The expanding middle: The exploding world middle class and falling global inequality*. Global Economic Paper No. 170. Goldman Sachs.

WKO. (2011). Tourismus in Zahlen: Österreichische und internationale Tourismus- und Wirtschaftsdaten. 47. Ausgabe. April 2011.

Woelke, J. (2010). *TV-Programmanalyse Fernsehvollprogramme in Österreich*. Bericht zur Frühjahrsstichprobe 2009. Schriftenreihe der Rundfunk und Telekom Regulierungs-GmbH.

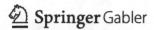

Printed in the United States
by Bookmasters

Printed in the United States
By Bookmasters